Libretto

CLAUDE QUÉTEL

FEMMES DANS LA GUERRE

(1939-1945)

pour
Franck

Caen le 14 oct 2023

libretto

I.S.B.N. : 978-2-36914-591-2

Les femmes sont les éternelles victimes des guerres. Donneuses et gardiennes de la vie, elles sont alors plus que jamais la proie de la pulsion de mort des hommes. Elles sont aussi les éternelles oubliées de l'histoire de ces guerres. La moitié de l'humanité paraît se dérober à l'examen et l'historien a le plus grand mal à ériger cette multitude en objet historique. Les femmes voient leur histoire dissoute dans celle des hommes. Ce qui était déjà vrai en temps de paix l'est davantage encore en temps de guerre où plus que jamais les hommes occupent le devant de la scène et par la suite écrivent l'histoire, leur histoire.

Or, durant la Seconde Guerre mondiale, les femmes ont été sans cesse présentes : victimes sur les routes des exodes et sous les bombes, patientes dans les queues, inventives et industrieuses dans les privations d'une vie quotidienne de guerre, travailleuses dans les usines et dans les champs à l'heure de l'absence des hommes. Dans tous les pays, elles ont été également sous l'uniforme : auxiliaires de l'arrière mais aussi au front. Elles ont été dans les combats des maquis et dans la

Résistance, forçant souvent l'admiration de leurs adversaires mêmes. Elles ont été déportées, faisant preuve d'une force d'âme, d'une capacité d'organisation, d'une résistance aux épreuves physiques mais aussi d'un pouvoir de compassion que purent leur envier beaucoup d'hommes. Une résistante déportée et survivante de Ravensbrück confia sans forfanterie ni méchanceté : « Si nous avions été des hommes, nous n'aurions pas tenu. »

Cette « force tranquille », qui avait surgi mais plus timidement lors de la Grande Guerre, s'affirma massivement dans tous les pays belligérants au cours de la Seconde Guerre mondiale. Pourtant, partout dans le monde au lendemain de la guerre, les hommes demandèrent aux femmes de retourner à leurs fourneaux. Et elles y retournèrent, non pas dupes, mais victimes de leur fatalité historique.

I
TOURMENTE

Pendant l'entre-deux-guerres, quand tout allait bien ou en tout cas pas trop mal, mieux de toute façon que pendant l'hécatombe de la Grande Guerre, les hommes avaient de nouveau fait semblant de croire qu'ils n'avaient pas besoin des femmes. Cela leur avait été d'autant plus facile qu'ils niaient, ou dans le meilleur des cas ignoraient, leur existence au sens de leur identité et de leur individualité de femmes. C'en était fini des infirmières hardies et des tourneuses d'obus de la « grande tuerie », des féministes et, en France, du droit de vote pour les femmes. Il restait bien les cheveux à la garçonne et les robes « courtes » des Années folles, mais c'était plutôt à Montparnasse ou dans un Berlin bientôt jugé décadent. Dans son plus grand nombre, la femme s'en était retournée au foyer, quitte à n'y remplir que son pieux devoir de veuve de guerre.

Mais la guerre était revenue, plus dévastatrice que jamais et plus que jamais initiatrice de désordre. Avec la guerre, et pas seulement dans la défaite, tout basculait, tout changeait. L'homme tout-puissant, père, mari, fiancé ou fils, allait de nouveau disparaître et s'effacer devant la femme, plus forte, mieux organisée, plus altruiste aussi. Chaque pays en guerre, les États totalitaires en tête, s'appliqua alors à définir strictement les statuts de leurs femmes et à en imposer un portrait conforme à leurs idéologies respectives.

Mères avant tout

Allemande selon le Führer

À la différence des Françaises, les Allemandes ainsi que les Autrichiennes ont obtenu l'égalité civique dès la fin de la Grande Guerre. D'abord modéré, l'électorat féminin allemand s'est porté, avec la crise, en proportion presque semblable à celle des hommes, vers le parti nazi, favorisant ses premières percées électorales. De même, le féminisme allemand, très ancien (la Fédération des associations féminines allemandes a été fondée en 1894 et a compté jusqu'à 600 000 membres), a d'abord fait bon ménage avec le nazisme. Certaines féministes, nazies de la première heure, n'allaient-elles pas jusqu'à proclamer que « le retour de la femme aux fourneaux était un vestige du patriarcat juif » ?

Il faut préciser qu'au début de 1933 le chômage féminin ne dépasse pas 11 %, contre 29 % de chômage masculin. C'est en fait une lutte inconsciente de pouvoir qui se joue là. Les nazis sont profondément misogynes, provinciaux et petits-bourgeois. En luttant contre le communisme, l'Université, la grande ville ou encore le jazz, ils luttent, pas seulement mais aussi, contre l'émancipation de la femme. Un racisme de plus en quelque sorte.

Certes, un *Nationalsozialistische Frauenschaft* a été fondé en 1931 mais ce mouvement féministe nazi est mis au pas comme les autres dès 1933 par les dignitaires nazis désormais débarrassés de leurs soucis électoraux. Au congrès de Nuremberg de 1934, Hitler peut jeter le masque à l'endroit des femmes allemandes : « Si les mouvements libéraux "intellectualistes" de femmes avaient jadis à leur programme beaucoup, beaucoup de points déterminés par ce qu'on appelle "l'esprit", le programme de notre mouvement national-socialiste de femmes n'en comporte en fait qu'un seul et ce point s'appelle : l'enfant. » Et le Führer de compléter sa pensée en déclarant la même année : « En tant que nationaux-socialistes, nous luttons depuis des années pour écarter les femmes de l'engagement politique parce que nous le trouvons indigne d'elles. » Hitler dit par ailleurs de l'émancipation féminine que c'est « une invention juive ». Quant à Rosenberg, théoricien du parti nazi, il se propose d'« émanciper les femmes de l'émancipation » (*Le Mythe du XX*e *siècle*).

Le dernier bataillon des féministes nazies aura beau protester en faisant remarquer que ce sont là plutôt des traditions orientales, voire juives, que des traditions nordiques, si souvent célébrées par les nazis et par lesquelles les femmes n'étaient pas reléguées, rien n'y fera. Quant aux féministes socialistes ou communistes, elles se tairont ou prendront le chemin des premiers camps de concentration. Très rapidement, les femmes se trouvent écartées de la vie professionnelle et publique, jusqu'à la guerre en tout cas. Un *numerus clausus* à l'encontre des jeunes filles est même décrété dans l'enseignement supérieur (10 %). Une *Reichsfrauen führerin* (Gertrud Scholtz-Klink, mère à 28 ans de quatre enfants) a bien été désignée en 1934 mais elle n'a aucun pouvoir.

Une ligue des jeunes filles allemandes (*Bund Deutscher Mädel*), équivalent féminin des Jeunesses hitlériennes, est créée, qui va compter un million et demi d'adolescentes à la veille de la guerre. «Nous avions enfin un sentiment rassurant, confiera l'une d'elles, la conscience du nous. Nous, les filles hitlériennes, formions un groupe, une élite au sein du *Volk* allemand.» Quant à la finalité de la maternité, elle fait si peu de doute que les mauvais esprits (il en reste tout de même dans le Reich) ont transformée le BDM en *Bund Deutscher Milchkuhe*: ligue des vaches laitières allemandes.

Une croix des mères de famille nombreuses est créée, que les Jeunesses hitlériennes doivent saluer et que les mêmes rieurs ont rebaptisée «médaille des lapins». Et les mêmes méchantes langues d'ajouter qu'il faut donner au Reich des enfants «aussi blonds que Hitler, aussi minces que Göring et aussi athlétiques que Goebbels».

Loin d'être anecdotiques, toutes ces plaisanteries traduisent une certaine réticence de la population féminine face aux outrances d'un programme nataliste qui trouve, à partir de 1935, son aboutissement le plus extrême dans l'institution de *Lebensborn* («Fontaines de vie»), qui succède à la création dès 1931 de l'«Office supérieur de la race et du peuplement».

Ce sera jusqu'au bout l'obsession de Himmler, Reichsführer-SS: multiplier la descendance des SS dans de véritables haras nationaux. La guerre venue, Himmler a déclaré à ses chers SS: «Chaque guerre est une saignée du meilleur sang (...) La mort nécessaire des meilleurs n'est pas encore le pire. Ce qui est pis, c'est l'absence des enfants non procréés.» Pour ce faire, des filles déjà enceintes (admises après examen racial) ou acceptant une procréation «dirigée», voire artificielle (cette dernière plutôt au stade expérimental), sont accueillies dans des foyers SS en Allemagne, en Norvège mais aussi en Hollande, en Belgique, en France. *Lebensborn* constitue le pendant «positif» de l'euthanasie des anormaux et des malades mentaux instituée à la même époque, ainsi que des campagnes de stérilisation massives imposées par des juges à des criminels, des «anormaux», voire, des «asociaux» (alcooliques, prostituées avec enfants illégitimes).

Combien d'enfants sont nés de ces «mariages biologiques»? Peut-être 12 000. Assez peu finalement, du fait notamment de la réputation d'immoralité entachant les établissements *Lebensborn* auprès de la population. Il faut ajouter à ce nombre les dizaines de milliers d'enfants kidnappés dans toute l'Europe occupée, en Pologne notamment: des filles appelées à devenir précocement des reproductrices; des garçons destinés à faire de braves SS. L'idée folle et terrifiante de Himmler, c'est de compenser ainsi en dépit de sa répression le grand nombre des avortements volontaires qui prive le Reich chaque année «de 200 régiments supplémentaires à échéance de vingt ans».

Himmler, comme les autres chefs nazis et tout particulièrement Goebbels, n'assigne aucun autre rôle à la femme allemande à part celui de reproductrice. Aussi, dans l'un des discours qu'il aime à prononcer au milieu de ses généraux SS, s'insurge-t-il contre ceux qui se laissent commander en public et par conséquent ridiculiser par leurs épouses: «La femme appartient elle aussi à la SS (...) La femme doit obéir elle aussi.»

Avec un taux de natalité qui passe de 14,7 à 18‰ entre 1933 et 1938, le vieux thème allemand des «3 K»: *Küche, Kinder, Kirche* (cuisine, enfants, église) semble d'abord faire recette. Tout est mobilisé pour aller dans ce sens, de l'interdiction de l'accès à nombre de professions à une image de la femme allemande saine et fertile, aux hanches larges et aux cheveux tressés en couronne sur la tête. La minceur est combattue, tout comme le maquillage, le tabac, ou encore l'amour immodéré pour un chien (comme dérivatif au désir d'enfant). De nouvelles lois autorisent les filles à se marier à partir de 16 ans (contre 21 chez les garçons), tandis que les divorces de couples stériles sont facilités, plutôt d'ailleurs quand c'est au profit des hommes.

Point de libération sexuelle dans tout cela, en dépit des encouragements aux unions libres voire à la bigamie chez les hommes. Il s'agit de procréation et le nazisme ne se départira à aucun moment de sa profonde misogynie. Les sanctions les plus graves (prison, camp de concentration) sont prévues pour les Allemandes qui auraient des relations sexuelles avec des «inférieurs» et la liste en est large, qui va du Juif au prisonnier de guerre. Pour le «pollueur racial», c'est la peine de mort.

Toutefois la guerre vient quelque peu troubler ce schéma. Dès 1937, le déclenchement d'un conflit devenant inéluctable, un service civil obligatoire d'un an est instauré pour les jeunes filles. Le nombre des femmes dans les multiples organisations nazies se multiplie soudain, au point d'atteindre 6 millions en 1942, mais toujours à des postes subalternes. Enfin, c'est surtout dans les champs et les usines que le départ des hommes au front provoque un appel urgent et massif de main-d'œuvre. Impossible désormais d'en écarter les femmes. La guerre se prolongeant et s'écartant des victoires initiales, ce sera même, avec le décret du 27 janvier 1943, la mobilisation totale des femmes de 17 à 45 ans. On verra ce qu'il en fut réellement mais il est intéressant de noter dès à présent que ce télescopage idéologique entre la mère au foyer et la femme dans l'effort de guerre aura pour résultat de faire tomber le masque des «3 K», un moment rassurant pour les femmes allemandes. La guerre se poursuivant, l'idéologie nazie et son obsession nataliste se raidissant, il ne restera plus que le K de *Kinder*, avec des maternités envisagées en termes biologiques et des enfants appelés à être élevés par l'État, loin donc de la cuisine, de l'église, de la famille et finalement loin de l'enfant tel que la femme, même allemande du IIIe Reich, se l'est de tout temps représenté.

Italienne selon le Duce

Dans l'Italie fasciste, la « femme nouvelle » exaltée par le régime n'est autre que la femme-mère, au centre de la famille, telle que l'a toujours idéalisée l'Église. Le pape Pie XI, dans son encyclique *Quadragesimo anno*, du 15 mai 1931, ne manque pas de rappeler que « c'est à la maison avant tout (...) qu'est le travail des mères de famille ». Il dénonce les salaires insuffisants du mari qui obligent les mères à chercher du travail au-dehors, « négligeant les devoirs tout particuliers qui leur incombent avant tout : l'éducation des enfants ».

L'Italienne, fasciste ou non, du Sud bien sûr mais aussi du Nord, reste solidement imprégnée de la tradition catholique. L'Église n'a pas attendu le fascisme pour enserrer la femme dans un réseau d'associations qui, à l'instar des ligues fascistes, imposent l'éternel modèle féminin de la mère au foyer – à cette plus que nuance près que l'Église parle de paix et non de guerre régénératrice. Cette différence, les revers militaires venus, pèsera lourd dans la balance de l'opinion publique, c'est-à-dire d'abord celle des femmes.

Ceci n'empêche pas le fascisme de superposer un discours laïque exaltant chez la femme sa mission de renaissance nationale. Ainsi, en 1933, la responsable des *Fasci Femminili* de Bari déclare : « La mère devient l'expression de la force de la race et un signe de joie pour la Nation (...) Ainsi la responsabilité de la vie nationale dépend directement de la femme, et la femme est directement impliquée dans la vie de l'État. »

Outre l'organisation des *Fasci Femminili* créée dès 1920,

réorganisée en 1924, et qui s'adresse principalement aux classes moyennes, il existe d'autres ligues féminines telles que les *Giovanni Fasciste*, les *Piccole Italiane*, ou encore les *Massaie Rurali*. Toutes ces organisations, chargées d'éduquer les Italiennes de la prime enfance à l'âge adulte et d'en faire de vraies fascistes, comptent près de 3,2 millions de femmes à la veille de la guerre.

Cette mobilisation de masse ne va d'ailleurs pas sans une méfiance en proportion des responsables du Parti national fasciste (PNF), solidement phallocrates et misogynes, vite effrayés par les revendications féministes et qui s'emploient dès lors à cantonner les ligues dans des rôles d'assistance, d'éducation et de propagande paradoxalement féministe, mais le pouvoir en moins. Ni pouvoir politique, ni droit de vote.

Comme chez les nazis et avant ceux-ci, les éléments féministes les plus radicaux sont muselés, à commencer par les étudiantes fascistes (*Gruppi Universitari Femminili*). Les étudiantes, espèce dangereuse entre toutes, sont même exclues des compétitions sportives et culturelles universitaires dans la crainte avouée d'une émancipation excessive et inavouée d'une victoire des filles. Comme en Allemagne, les femmes sont écartées des professions jugées importantes, se voyant entre autres interdire, ô combien significativement, l'enseignement de la philosophie et de l'histoire. En revanche, des lycées féminins sont créés pour la formation des futures mères de famille. Ce n'est évidemment pas la même chose.

La « Journée de la mère et de l'enfant » est instituée à partir de 1933. Ce sera, tradition catholique obligeant, la veille de Noël. À cette occasion, *Il Popolo d'Italia*, l'organe du Parti, exalte la maternité, identification idéale entre le peuple et le fascisme. Et le Duce dans ses discours enflammés d'en appeler aux Romains de l'Antiquité, serviteurs de la famille, et de fustiger les femmes sans enfants. Des mesures législatives suivent, qui instituent des aides à la maternité et imposent une taxe sur les célibataires.

Emporté par l'élan de sa propre dialectique, le fascisme se féminise, imposant partout, dans les manuels scolaires, les actualités cinématographiques, la présence dynamique de la jeune femme fasciste sportive, moderne mais finalement rassurante en comparaison de son homologue masculin. Ainsi, une affiche significativement intitulée « Espérances d'Italie » représente, de part et d'autre d'un arbre porteur du Faisceau, un groupe de garçons et un groupe de filles fascistes, en position et en nombre strictement égaux.

Or, les Italiennes y ont cru ou ont fait semblant d'y croire, l'encadrement fasciste des femmes italiennes étant beaucoup moins rigoureux que celui des nazis envers les Allemandes (et Mussolini, est-il besoin de le souligner, faisant moins peur que Hitler). Pourtant, les naissances tant escomptées stagnent voire diminuent, dans les milieux urbains surtout, et le PNF ne parvient pas à endiguer l'irruption des femmes dans la vie sociale. Consciemment ou non, les femmes ont pris le fascisme à son propre piège. Celui-ci avait proclamé la citoyenneté de la femme en essayant de vider ce mot de tout contenu d'émancipation. Nombre de femmes au contraire ont compris modernité, entrée dans la vie sociale, un ou deux enfants peut-être, mais avec un métier et une indépendance financière.

Et puis, la guerre venant, la femme italienne, plus nettement encore que son homologue allemande (au sens de l'Axe, institué le 24 octobre 1936), n'a aucun enthousiasme pour envoyer à la mort qui son fils, qui son mari et encore moins pour mettre au monde des enfants dans un contexte de deuils, de ruines et de privations. Ce sera là le prélude, pour beaucoup d'entre elles, à la naissance de l'esprit de résistance.

Lorsque survient la défaite de la France en 1940, les Françaises sont loin d'être des citoyennes à part entière. Elles n'ont ni l'autorité parentale, ni le droit de vote et elles ne participent guère à la vie publique même si trois femmes sont entrées dans le gouvernement du Front populaire. À cela s'ajoute un solide antiféminisme qui reproche pêle-mêle aux femmes d'être responsables du chômage masculin (elles constituent en 1941 un tiers de la population active) et d'un pacifisme qui, rimant avec féminisme, a conduit à la défaite, favorisée notamment par le refus de procréation pendant l'entre-deux-guerres. Certaines féministes anarchistes n'étaient-elles pas allées, la menace de guerre se précisant, jusqu'à prôner « la grève des ventres » afin de ne pas fournir la France en « chair à canon » ? Résultat, comptent les généraux à la recherche de responsables autres qu'eux-mêmes, 80 millions d'Allemands se sont rués sur 42 millions de Français et 7 soldats allemands sur 10 avaient entre 20 et 30 ans, contre 3 sur 10 en France.

Les premiers théoriciens du régime de Vichy en train de naître vont plus loin, assimilant le féminisme et la féminité à la démocratie et à la république. Féminité au sens de la faiblesse et de l'esprit de jouissance tel que le dénonce le maréchal Pétain dans son discours du 20 juin 1940 – et les thuriféraires du Maréchal de lier ce concept à celui d'un amollissement et d'une féminisation d'une société ayant perdu ses valeurs. Il faut dès lors reconstruire la France dans une « Révolution nationale » redéfinissant le rôle et la place de la femme, non sans avoir dissous au préalable les organisations féministes.

Dans l'idéologie de Vichy, la femme est mise ou remise là où elle aurait toujours dû être, c'est-à-dire dans la famille, le terme apparaissant lui-même au centre de la devise du nouvel

État français : « Travail, Famille, Patrie ». Il s'agit bien sûr de la femme-mère et non de la femme-femme. L'arbitraire qui fonde le destin social de la femme sur son destin biologique n'est pas l'apanage des nazis, et la France de Vichy n'est pas plus en retard là-dessus qu'elle ne le sera en persécutant les Juifs, ses Juifs.

Il faut faire des enfants non seulement pour donner des bras et des « ventres » à la France nouvelle et régénérée, mais aussi pour « améliorer la race ». Certes l'expression ne court pas les rues, mais elle figure en bonne place dans les discours des politiciens et des savants du régime. Cette rhétorique raciale est notamment développée au sein de sa fondation par Alexis Carrel, grand savant français, Prix Nobel de médecine en 1912. La maternité, selon lui, est la seule identité féminine légitime – et pas n'importe quelle maternité : une « biocratie » où des êtres « héréditairement et biologiquement doués ont le devoir de ne s'unir qu'à des êtres également de qualité supérieure ».

Or cet eugénisme « positif » (améliorer la « race ») débouche fatalement sur un eugénisme « négatif », c'est-à-dire l'élimination des enfants anormaux et par suite des anormaux adultes puis des criminels dangereux, et finalement des Juifs eux-mêmes. Ainsi, la radio de Vichy, dans son émission du 5 février 1943, s'attaque au métissage, « cause directe et principale de l'écroulement des empires et des familles ». Et la voix de Vichy d'ajouter que ce métissage, apparemment anarchique, a été voulu par ceux qui voulaient asservir la France : « J'ai nommé les Juifs. »

Quant à Alexis Carrel, dans *L'Homme, cet inconnu* publié en 1935 et dont les ventes atteignent 200 000 exemplaires à la fin de 1939, se « préoccupant » des anormaux et criminels dangereux, il propose rien de moins qu'un « établissement euthanasique pourvu de gaz appropriés». On est alors en France et en 1935.

Dans ce délire eugéniste, le corps de la femme n'est pas nié mais affirmé comme dévolu à la régénération de la «race». À la femme en quelque sorte de reconstruire aujourd'hui par le renouvellement ce qu'elle a détruit hier. *La Femme dans la France nouvelle*, qui paraît dès 1940, fustige l'émancipation de la femme, sa coquetterie, son esprit de jouissance. Inutile de préciser que dans ce contexte le mot «sexualité» n'est même pas cité pour réfutation. Il n'existe tout simplement pas.

Il n'est pas jusqu'aux études des jeunes filles qui ne soient suspectes. En 1941, René Benjamin publie dans *La Revue universelle* de larges extraits d'un ouvrage à paraître sur la réorganisation de l'enseignement: «Il faut y regarder à deux fois avant d'instruire les filles. Leur donner toutes les sciences sans la règle pour les contenir, c'est les charger d'explosifs. Je n'offenserai personne en disant que ce sont des créatures fragiles: on ferait mieux de préserver leurs nerfs.» Et le docte pédagogue, emporté par la mauvaise foi (ou, ce qui est pire, la bonne foi), évoque, comme ultime avatar des études universitaires des filles, la folie… et la prostitution («À Paris, il y a 300 licenciées en droit qui font le trottoir»).

Quoique nettement moins encadrées et embrigadées que leurs consœurs allemandes ou italiennes, les jeunes Françaises sont poussées vers des mouvements de jeunesse tels que les Guides de France ou les Éclaireuses. La mixité à l'école est déconseillée. Un enseignement ménager obligatoire pour les filles est institué à partir de mars 1942. Toutefois, la création à l'automne 1940 d'une École des cadres féminins et de centres de jeunes travailleuses accueillant des chômeuses ainsi que celle en 1941 du Mouvement populaire des familles (en remplacement de la Ligue ouvrière chrétienne) témoignent d'une certaine participation des femmes au travail social.

Le gouvernement de Vichy fait porter ses principaux efforts sur la famille, amplifiant et complétant l'œuvre entreprise dès avant l'État français par le « Code de la famille » créé par le décret-loi du 29 juillet 1939. Un secrétariat d'État à la Famille et à la Jeunesse est institué le 12 juillet 1940, précédant nombre d'autres créations.

La fête des Mères, existant depuis 1926 mais quelque peu oubliée, est officialisée le 25 mai 1941. Le Maréchal s'adresse à cette occasion à toutes les mères de France : « Vous seules savez donner à tous ce goût du travail, ce sens de la discipline, de la modestie, du respect qui font les hommes sains et les peuples forts. Vous êtes les inspiratrices de notre civilisation chrétienne. »

Bien entendu, l'Église soutient cette politique de la famille, qu'elle qualifie hypocritement de « féminisme chrétien ». Faire des enfants est devenu un devoir national, et ne pas en faire un opprobre, comme le dénonce une affiche de l'époque : « Un ménage sans enfants est un couple à la dérive ».

De nombreuses mesures coercitives accompagnent cette politique nataliste. La contraception est interdite. Le divorce est condamné et de toute façon interdit à des couples mariés depuis moins de trois ans (en outre l'adultère ne peut être invoqué). L'homosexualité est réprimée, ainsi que le concubinage. La loi du 15 février 1942 aggrave lourdement la répression de l'avortement, y incluant même la peine de mort. Ainsi Marie-Louise Giraud, « faiseuse d'anges », est condamnée à mort et guillotinée le 30 juillet 1943. Jusqu'alors la peine capitale avait toujours été épargnée aux femmes. Les médecins qui s'étaient vu rappeler le respect du secret médical par le Conseil de l'ordre des médecins institué en 1941 en sont aussitôt déliés pour ce qui concerne les cas d'avortement.

La « Révolution nationale » doit cependant faire face à de nombreuses contradictions en matière de politique féminine, à commencer par la question des épouses des prisonniers de guerre : 1,6 million de prisonniers dont 50 % mariés, c'est-à-dire 800 000 épouses, et, sur ce nombre, 400 000 mères de famille. Ces 800 000 Françaises connaissent pendant cinq longues années de guerre un destin peu enviable. Dans cette société plus patriarcale que jamais où légalement le mari est le chef de famille, elles doivent assumer de fait cette responsabilité au milieu des pires difficultés. Il leur faut affronter la solitude affective, mais encore les faux espoirs de la Relève (on promet sans cesse la libération de prisonniers : en principe, un prisonnier de guerre libéré pour trois ouvriers français allant travailler en Allemagne), les épreuves de la vie quotidienne en raison d'une maigre allocation, surtout pour les femmes de simples soldats, et de l'extraordinaire privation que constitue l'envoi régulier du colis de 5 kg tant attendu par le mari ou le fils prisonnier. Une de ces femmes de prisonniers écrit à l'administration qu'il lui faut pour cela une carte d'alimentation supplémentaire : « Je ne doute pas que vous ferez droit à ma requête (...) sinon il ne me restera plus qu'à me suicider pour échapper à la faim. » Et l'administration de répondre, impavide : « Cette question a été déjà maintes fois posée mais jusqu'à présent il n'a pu y être donné satisfaction. »

Une autre lettre, adressée cette fois par un enfant au Maréchal, témoigne elle aussi de cette profonde détresse : « Je suis bien dans la peine car mon papa est prisonnier et ma maman est malade depuis quatre mois. Les autres années, ma maman a pu travailler et a pu me donner mon Noël, mais cette année la misère s'est installée chez nous. C'est pourquoi j'ai gros cœur de ne rien avoir. »

Certes les femmes de prisonniers tentent de s'entraider,

notamment au sein de la Fédération des associations de femmes de prisonniers, mais elles doivent affronter en outre un ennemi inattendu : le qu'en-dira-t-on. La femme de prisonnier ne doit jamais se distraire, ni être coquette. Pire, elle est vite suspecte d'adultère dans une France maréchaliste où l'infidélité de l'épouse est jugée criminelle. Que dire alors si le présumé mari trompé se trouve derrière les barbelés d'un stalag ou d'un oflag ? Du coup, l'État français institue une loi spéciale réprimant l'adultère avec une épouse de prisonnier de guerre. Cette suspicion permanente va empoisonner littéralement la vie de ces femmes, victimes des pires ragots, y compris parfois de journaux de la Résistance : « Au 1er juin 1942, les cliniques d'accouchement de Vichy avaient 602 femmes enceintes, dont 435 femmes de prisonniers » (*Le Coq enchaîné*). Des lettres anonymes sont même envoyées aux prisonniers. Le retour des prisonniers s'en trouvera souvent altéré, ajoutant aux difficultés de réadaptation d'un couple où pendant cinq ans la femme aura pris toutes les décisions et toutes les responsabilités.

Le discours mythique de Vichy sur la femme au foyer et heureuse de l'être va se trouver également combattu par l'incitation de plus en plus grande de l'occupant à faire participer les femmes à l'effort de guerre en France même, ruinant ainsi les efforts initialement accomplis par Vichy pour combattre le travail des femmes.

Enfin et surtout, comme en Allemagne et comme en Italie, les difficultés de la guerre, la dure réalité du quotidien, vont compromettre cette politique. Très vite, pour ne pas dire dès le début de la guerre, les jeunes femmes vont attendre des jours meilleurs pour se marier. Certaines d'entre elles n'hésitent d'ailleurs pas à se confier dans ce sens à la presse féminine de l'époque (*Femmes d'aujourd'hui*, par exemple).

Toutes les ruses au demeurant grossières de la propagande n'y pourront rien changer.

Les affres du quotidien

La guerre venue, à des degrés divers dans tous les pays belligérants mais plus encore dans les pays occupés dont les ressources sont mises à sac par l'occupant, s'installe et s'aggrave, au fur et à mesure que les années passent, la trilogie du manque au quotidien : manger, se chauffer, se déplacer. Manger surtout… « Aujourd'hui, écrit un critique gastronomique de l'époque, la maîtresse de maison se demande ce qu'elle va faire, non plus pour satisfaire la gourmandise des siens, mais pour les nourrir. »

Le temps des restrictions

Nul doute en tout cas que le poids du quotidien, en temps de guerre plus encore qu'en temps de paix, est supporté où que ce soit par les femmes. Que leur « homme » (mari, père, fils, frère) soit là ou parti à la guerre, ce sont les femmes qui doivent pourvoir, entre autres, mais d'abord, aux repas familiaux ainsi qu'en amont au ravitaillement, maître mot du temps de guerre. À un journaliste qui demandera bêtement en 1945 à une résistante ce que faisaient les femmes pendant la guerre, celle-ci répondra : « Elles faisaient tout ce que faisaient les hommes, plus la cuisine ! »

La guerre signifie d'abord le temps des restrictions. Pour ne prendre qu'un exemple, mais ô combien emblématique, le vrai café est pratiquement introuvable en France dès le début de l'hiver 1940. Et voilà qu'avec le mot nouveau (et allemand) d'*ersatz*, arrive sur les comptoirs et sur les tables familiales un breuvage improbable bien que noir : le café de guerre (faire griller dans une poêle de l'orge, ou du maïs ou encore des glands ; pour un ersatz de qualité, torréfier séparément de la racine de chicorée séchée).

Le rationnement des produits de consommation s'opère avec des tickets fixant selon les catégories d'habitants (du travailleur de force à l'enfant de moins de 3 ans) les rations journalières ou mensuelles autorisées à la vente. Les quantités diminuant au fil des années de guerre, autant dire que dans les pays occupés mais aussi dans les pays de l'Axe, s'en tenir strictement à ce rationnement revient à se placer au-dessous du seuil de survie.

Il est certes difficile de comparer par exemple les États-Unis ou le Canada (qui pourtant ont connu eux aussi un certain rationnement) à la Pologne ou à la Russie occupée, mais personne n'échappe au rationnement et aux privations, pas même les pays agresseurs. Les cartes de rationnement font leur apparition en Allemagne dès le 25 septembre 1939, limitant la consommation de pain, de sucre, de matières grasses et de lessive.

Au Japon, il y a d'abord eu une allocation de riz journalière mais bientôt, l'asphyxie économique grandissant et se conjuguant aux abus des organisations de quartier chargées des distributions, une véritable famine s'est installée, au point que le gouvernement a lancé un nouveau slogan : « La force par la maigreur » (*Yase Gaman*). Dans la dernière année de la guerre, on verra même des Japonaises, événement inouï, cuire en lieu et place du riz sacro-saint… des pommes de terre.

Les ménagères de Grande-Bretagne n'échappent pas elles non plus au rationnement et aux carnets de tickets institués dès les premiers jours de 1940. Le beurre est le plus durement touché, sa ration tombant à 113 grammes par semaine pour un adulte. *Horresco referens*, le bacon est lui aussi abaissé au même poids. Il est toutefois admis que les ménagères recevront un supplément de sucre pour faire de la marmelade. Guerre ou non, la Grande-Bretagne entend ne pas sacrifier ses plus nobles traditions. Il n'en subsiste pas moins qu'un an plus tard, la consommation des Britanniques a chuté de 20 % en dépit d'une hausse de revenus de 50 % par rapport à 1938. Les Anglaises apprennent à faire du thé aux orties et ont rebaptisé les saucisses britanniques, au goût aujourd'hui encore si particulier, « mie de pain en tenue de combat ». Quant à celles qui avaient la chance d'avoir devant leur porte le gazon traditionnel et ses non moins traditionnels rosiers, elles ont fini par se résoudre à y cultiver des légumes. De très nombreuses cantines d'usine (*British Restaurants*) permettent néanmoins de donner à beaucoup un repas du midi équilibré.

Il semble cependant que ce soit dans la France occupée que la question du rationnement et du ravitaillement, en matière alimentaire notamment, ait le plus obsédé ses habitants. N'était-ce pas, avant la guerre, le pays où manger était une véritable institution ? Cette France agricole et viticole, les Allemands la pillent allègrement et ne lui laissent pas grand-chose. Le commerçant est roi, le BOF (Beurre-Œufs-Fromage) en tête, tel que le campera cruellement Jean Dutourd dans son roman *Au Bon Beurre*. Hier, comme le montre Daniel Laborne en deux dessins satiriques, le boucher s'inclinait bien bas devant la bourgeoise qui toisait de son lorgnon l'étal plein de gros jambons ; aujourd'hui, la bourgeoise s'incline devant le boucher qui s'est emparé de son lorgnon et la toise à son tour tandis qu'aux crochets, ne pend plus qu'un seul et petit jambon.

Manger est devenu une véritable obsession jusque chez

ceux qui, avant la guerre, n'y pensaient pas. « Naguère, écrit Alfred Fabre-Luce, les riches s'ennuyaient; maintenant, ils mangent. » Et ils mangent au marché noir, autre maître mot du temps de guerre – aux antipodes des « vertus » prônées par la « Révolution nationale ». Au marché noir de même que dans les restaurants sans tickets (autant dire clandestins mais clandestins reconnus et, d'une certaine façon, à la française, légaux), on trouve à peu près de tout, mais à quel prix ! Un kilo de beurre coûte 500 francs, alors que le salaire mensuel minimum, celui des femmes notamment, se situe autour de 1 200 francs, parfois moins.

Le « système D »

Pour tous ceux, les plus nombreux, qui n'ont pas accès au marché noir, il faut conjuguer les queues et le « système D », sport national. Dans les interminables queues, bien sûr des femmes. Des femmes d'ailleurs à tous les échelons de la difficile ascension vers un peu de ravitaillement. Georges Duhamel, dans sa *Chronique des saisons amères*, nous fait vivre « la journée d'une Parisienne », Simone. C'est une journée comme les autres, mais quelle journée pour une femme ayant un mari rapatrié malade de captivité et deux enfants à nourrir (carte d'alimentation J3 donnant droit, chose merveilleuse, à deux tablettes de chocolat par mois).

Dès avant son lever, à l'heure du premier métro, elle fait le compte de ses tickets et surtout, tel un général, elle suppute le lieu de ses offensives. Avant de partir en campagne, il faut préparer le faux café du matin, avec tout de même une pincée de chicorée (échangée contre une pellicule photographique) mais avec son inévitable saccharine (ersatz de sucre). Seuls les enfants ont chacun un morceau de sucre. Il faut cirer les quatre paires de chaussures, faire sa toilette à l'eau froide en veillant à ne pas faire mousser le savon trop longtemps. Réveiller les enfants et le mari, inspecter les vêtements (tiens, une reprise à faire ce soir) et réunir enfin tout son monde autour du petit déjeuner frugal. Après avoir fait le ménage et les lits, sa vraie journée peut commencer.

Chez le marchand de légumes, elle fera la conquête du dernier chou-fleur. À la laiterie, elle obtiendra sans tickets un quart de lait écrémé mais à condition d'acheter un paquet de lessive. Pas de problème à la charcuterie : il n'y a rien. À la pharmacie, elle ne trouvera pas de saccharine mais, d'un air de conspirateur, le potard lui en a promis pour l'été. Et Simone se prend à rêver, à rêver d'anchois au sel. Il paraît qu'on en trouve chez un libraire-papetier de la rue La Bruyère. Mais qui pourrait s'acheter des anchois au sel ?

Voilà pour le matin. Il faut maintenant rejoindre en courant l'appartement pour préparer le repas du midi qui commencera et se terminera par le chou-fleur. Vaisselle, repassage, travaux de développement pour le mari qui est photographe d'art sont autant de longs préludes à de nouvelles queues, à commencer par celle qui sera nécessaire pour obtenir les carnets de tickets du mois. Pendant le déjeuner, son mari lui a dit que les Palissot donnaient un thé ce soir, que ce sont de très bons clients et qu'il faudrait qu'elle s'y montre. Simone n'a pas osé dire non, tout en calculant le temps qu'elle va perdre. La corbeille à repriser déborde. Et puis Simone a beaucoup maigri et sa robe grise, la seule qui soit encore à peu près présentable, flotte autour d'elle. Il va falloir l'arranger. Encore du temps. Mais Simone n'a que 35 ans. Elle se doit d'être encore élégante et charmante.

Au dîner, dont elle fera elle-même l'économie grâce aux deux biscuits mangés chez les Palissot, elle trouvera son mari sombre. Les affaires vont mal. Alors Simone raconte les mille petites anecdotes de la journée. Le drôle de bonhomme qu'elle a croisé dans le métro. Il faut aussi que Simone ravitaille son petit monde en gaieté.

Le « système D », c'est d'abord apprendre à se débrouiller avec rien ou presque rien. En 1940, Colette, qui a alors 67 ans, est restée à Paris. « J'ai l'habitude de passer mes guerres à Paris », ironise-t-elle dans une de ses lettres. Elle écrit pour *Le Petit Parisien*, journal devenu « collabo », comme tous ceux qui se sont obstinés à continuer de paraître. Son enfance rurale et marquée au coin de l'économie paysanne l'autorise à tenir une rubrique régulière où, en « femme pratique » qu'elle se défend d'être finalement, elle donne des conseils aux ménagères en butte aux multiples privations de l'Occupation. Elle répond aussi au courrier de ses très nombreuses lectrices. Et la voici qui livre des recettes où « le déchet remplace l'aloyau – mais où prendre le déchet quand on n'a pas eu la pièce ? » Elle enseigne comment ne pas perdre le lait tourné, à manger en salade des végétaux jusqu'alors ignorés comme tels, à « grossir » de vingt façons une omelette. Mais il faut des œufs, et la romancière raconte que quelqu'un, pour faire rire une assemblée d'amis, leur a lu « une recette gastronomique d'autrefois, je veux dire de 1939 : "Vous prenez huit ou dix œufs…" Et une petite fille qui n'a pas ri de demander : "À qui ?" »

Le « système D », ce sont aussi les petits élevages. « La France, écrit un chroniqueur de l'époque, est devenue un vaste clapier à lapins. Dans toutes les campagnes, dans chaque village on élève des lapins. On en élève dans les caves et sur les balcons des immeubles de Paris. »

On élève aussi des poules pour leurs précieux œufs et là encore jusque dans les appartements des villes. Toutefois les citadines qui s'en sortent mieux que les autres sont celles qui peuvent recevoir des colis pudiquement appelés « colis familiaux » mais qui sont bel et bien l'une des nombreuses voies du marché noir qui s'est développé entre la campagne et la ville. Ainsi Colette écrit-elle des lettres dithyrambiques à « ses petites fermières », des amies de Nantes qui la ravitaillent régulièrement en colis. Voici en 1940, avec un chèque de 500 francs, une commande, honorée à échéance d'un mois, de pommes de terre, d'oignons et d'ail.

Il faut aussi lutter contre le froid. Partout les restrictions en matière de combustible rendent les hivers terribles voire meurtriers (comme en URSS au cours du terrible hiver 1941-1942). Dans toute l'Europe en guerre, on s'entasse souvent dans la seule pièce de l'appartement ou de la maison où il y a du feu, c'est-à-dire le plus souvent la cuisine. À ses lectrices parisiennes Colette donne des conseils de bon sens : brûler les vieux meubles et jusqu'aux manches à balai oubliés dans les caves, fagoter de vieux cageots et du papier journal, ne rien jeter qui puisse brûler, restreindre la gloutonnerie de la cheminée par mille astuces. Quand il n'y a plus de feu, « se rouler comme un saucisson dans une couverture de voyage » ou, pourquoi pas, rester au lit le plus longtemps possible, un bonnet sur la tête. Doubler les vêtements avec du journal, doubler ses bas de laine. Un dernier conseil toutefois, glisse Colette, malicieuse : « Fuyez le miroir (...) il n'a généralement rien de bon à vous apprendre. »

Le « système D » pour les citadines, c'est aussi partir à l'assaut de la campagne où soudain (et pour une fois) le paysan est devenu un roi très courtisé, afin d'en rapporter du ravitaillement tantôt contre argent, tantôt en faisant du troc. Seulement voilà, on manque aussi de moyens de déplacement. L'automobile a pratiquement disparu en même temps que sa cousine l'essence (et les voitures qui roulent au gazogène demandent elles aussi du combustible).

Les transports en commun sont un calvaire, qu'il s'agisse

du métro parisien (300 000 voyageurs par jour) ou du chemin de fer aux gares encombrées, aux trains pris d'assaut et qu'il faut attendre des heures, aux contrôles innombrables et aux fouilles peu compatibles avec la chasse au ravitaillement, ceci n'empêchant pas les « valisards » de débarquer sur les quais de gare avec leurs précieux chargements.

Reste celle qui plus que jamais est « la petite reine » : la bicyclette. Sans vélo, point de courses lointaines dans la campagne, et par suite point de salut. On en compte 11 millions en France en 1943 et 2 millions à Paris en 1944 pour 3 millions d'habitants. On les vole aussi beaucoup, au rythme effréné de 7 000 par mois. Une crevaison est un drame car il n'y a pas de boyaux de rechange et les rustines sont rares elles aussi.

Des modes malgré tout

Tout manque en fait, du moindre ustensile de ménage aux produits textiles. L'Allemagne la première a rationné les vêtements. Bientôt on ne pourra obtenir un costume ou un manteau neuf qu'en l'échangeant contre un usagé. Au Japon, il est rapidement décidé de ne plus fabriquer qu'un seul type d'habit uniformisé, glorieusement baptisé « complet patriotique ». Le kimono traditionnel est remplacé par un pantalon bouffant serré aux chevilles et, à partir de 1943, il n'est plus possible d'acheter un nouveau vêtement. En Grande-Bretagne mais aussi aux États-Unis et au Canada, la diminution de la production textile et l'instauration de coupons d'achat mécontentent fortement l'opinion publique.

Ces mesures de restriction ont une influence directe sur la mode vestimentaire, notamment féminine. Ainsi le ministère du Commerce de Grande-Bretagne décide qu'à dater du 1er juin 1942, l'industrie du vêtement ne fabriquera plus ni dentelles, ni volants, ni toute une série d'accessoires féminins jugés trop frivoles et trop coûteux. Les jupes n'auront plus que trois boutons et une seule poche. Les revers des pantalons sont interdits. Le même ministère du Commerce britannique prie les femmes de ne plus porter de bas l'été afin qu'il en reste l'hiver. De toute façon, les bas de soie ont pratiquement disparu. Or pour une Anglaise élégante et respectable, il est hors de question de sortir les jambes nues même pour aller travailler. Qu'à cela ne tienne, les coquettes s'entraident pour se colorer les jambes avec une teinture à base de pelures d'oignon et dessiner ensuite une fausse couture d'un trait de crayon à sourcils.

Plus que d'autres peut-être (en tout cas, on leur fait cette réputation à l'étranger), les Françaises ne sauraient rester impassibles face à la pénurie en matière de vêtements et de chaussures. Si ces dernières s'en vont d'abord vers le Reich, de toute façon, le manque de cuir en a fait chuter verticalement la production. Cette même rareté rend tout aussi problématique la réparation des vieilles paires de chaussures chez le cordonnier. À la campagne, on renoue avec la tradition des sabots, tandis qu'en ville on invente les chaussures à semelle de bois qui claquent sur le pavé. Ainsi Colette, du haut de son appartement du Palais-Royal, perçoit soudain « un lâcher de jeunes filles qui sabotent sous les galeries au sortir de la Comédie-Française ».

Les Françaises, elles aussi, ont adopté les faux bas de soie (« indémaillables et toujours bien tirés », plaisantent leurs usagères). Après des essais artisanaux à la teinture d'iode, la marque de parfums Elizabeth Arden s'est emparée du marché, offrant aux élégantes pas moins de trois teintes différentes. Ceci n'empêche d'ailleurs pas les vrais et rares bas de soie ainsi que ceux de rayonne (soie artificielle) d'être vendus au marché noir.

La carte de vêtements démoralise et irrite beaucoup les Françaises, d'autant que les achats de laine à tricoter sont tout aussi contingentés, à l'instar des bons de layette. Mais une coquetterie qui ne veut pas désarmer, jointe à l'inventivité et à la débrouillardise, fait des merveilles, au point de créer de nouvelles modes.

Que faire pour sa coiffure ? Pas question de toute façon de sortir « en cheveux », ce qui était « mauvais genre » dès avant la guerre. Les chapeaux restent très coûteux. Quant à la traditionnelle mise en plis, Simone de Beauvoir raconte que c'était devenu toute une affaire à cause des pannes d'électricité. « Aussi, poursuit-elle dans *La Force de l'âge*, les turbans étaient-ils à la mode : ils tenaient lieu à la fois de chapeau et de coiffure ; j'en avais porté, de temps en temps, par commodité et parce qu'ils me seyaient ; je m'y ralliai définitivement. »

Autre mode que celle qui naît de l'omniprésence de la bicyclette : celle de la jupe-culotte, du turban-bicyclette (très relevé et découpé dans une vieille écharpe) dont l'invention reviendrait à une certaine Madame Paulette, modiste de son état et qui passera toute l'Occupation à créer de nouveaux modèles. À cette panoplie il faut ajouter le vaste sac à anses à accrocher au guidon ou le sac à bandoulière pour celles qui veulent solidement pédaler.

Il y a aussi une mode pour faire la queue l'hiver : costume de ski, bas de laine et gros souliers. Voilà une façon détournée de réhabiliter le pantalon mis hors la loi par les chantres vichystes et présenté, avec le short, comme à la fois voulant prendre « le genre outre-Atlantique » et éloignant la femme de sa vocation maternelle. Les jeunes Parisiennes retiennent l'idée des gros souliers mais portés avec une courte jupe plissée, de longs cheveux relevés et un nouveau parfum : *Swingtime*. C'est le début de la mode zazou, une certaine forme de résistance au nouvel ordre de la « Révolution nationale ».

La presse féminine, comme *Le Petit Écho de la mode* ou *Marie Claire*, joue un rôle très important dans ce déferlement, prodiguant conseils, astuces mais aussi soutien moral. Chaque femme est invitée à prendre ciseaux et aiguilles pour créer ses propres modèles autour, par exemple, du thème de la « robe mille morceaux » en patchwork. Deux foulards deviennent une jupe paysanne. Deux vieux manteaux en font, sinon un neuf, du moins un chic aux agencements hardis. À chacune d'inventer sa formule, à faire pâlir de jalousie les copines ou les collègues de bureau. Ainsi est née une mode d'Occupation.

De son côté, la haute couture ne désarme pas, sauf à se voir fixer des nombres maxima de modèles dans les présentations de collections. Le Tout-Paris a eu tôt fait de reprendre sa vie mondaine et par conséquent de continuer à s'habiller. Jamais d'ailleurs la haute couture n'aura fait preuve de plus d'invention, réinventant par exemple les chaussures à semelles de bois, articulées celles-là. En 1941, une rédactrice de mode parle de véritable « orgie créatrice ».

Les présentations de mode se font à bicyclette ou parfois même en vélos-taxis, lesquels font fureur à Paris et dans les grandes villes. En juin 1942, la « Journée de l'élégance à bicyclette » connaît un immense succès. Lors de la réouverture des saisons hippiques à Auteuil, les mannequins présentent de nouveaux modèles. On y remarque que le chapeau fait de la résistance au turban. Quant au vison, il laisse la place au lapin. Cette belle fourrure chaude et soyeuse n'a qu'un seul défaut, celui de perdre ses poils par poignées entières. Une fourrure compromettante en quelque sorte.

La haute couture, en la personne de Jacques Fath, lancera même une robe d'après-midi baptisée en toute candeur cynique : *Marché Noir*.

Victimes

Mais les femmes ne sont pas seulement en butte aux tracas et aux privations du quotidien, la faim, le froid, les mille préoccupations journalières, auxquelles on pourrait ajouter la disparition des vacances ou la raréfaction des loisirs (ainsi, au Japon, la fermeture des théâtres et des dancings « à l'européenne »). Les habitudes sont bouleversées aussi par le danger de se trouver soudain dans une zone de combat ou de subir une attaque aérienne. Aux premiers mois de la guerre, on est même obsédés par des attaques au gaz comparables à celles de la Grande Guerre et toutes les populations s'entraînent à porter l'encombrant, le suffocant, le hideux masque à gaz qu'on doit toujours avoir avec soi.

Bombardements et ruines

Les bombardements ont été le cauchemar de tous les pays en guerre, y compris de ceux qui, comme les États-Unis, ne les ont pas connus. Ils ont été surtout la principale cause des deuils et des ruines, dans une « logique » de guerre totale prenant sciemment les civils pour cible.

Nombreux sont les pays qui ont connu ces bombardements de terreur. Dès 1937, dans une sorte de répétition de la Seconde Guerre mondiale, Guernica, la capitale du Pays basque, est bombardé» le 26 avril par les nazis alliés à Franco, tuant 1 500 personnes et en blessant plus de 1 000. La même année, Shanghai est bombardé à plusieurs reprises par les Japonais. Dans les deux cas, inaugurant le bombardement de terreur, il n'y avait pas d'objectif militaire mais une cité à détruire et des habitants à tuer.

Avec la guerre qui éclate en Europe en septembre 1939, les bombardements par les armées de Hitler sont craints à juste titre. Commence l'apprentissage des alertes et des sirènes, de la descente aux abris. Dès le début de la guerre, la Grande-Bretagne vit à l'heure du *black-out*. Appartements et maisons doivent être rigoureusement calfeutrés. Bicyclettes et véhicules doivent rouler sans phares dans des rues non éclairées en se guidant le long d'une ligne blanche tracée au milieu de la rue. Les infractions, rares dans ce pays discipliné, sont sévèrement punies. Toutefois les Anglaises se plaignent de ce nouveau mode de vie qui non seulement perturbe profondément leur vie familiale et affecte les tâches ménagères, mais aussi rappelle à chacun, y compris aux enfants, que c'est la guerre et que la mort rôde au-dessus des têtes.

Plus tard, l'instauration du couvre-feu dans les pays occupés perturbera tout autant la vie des civils, obligeant souvent à rentrer chez soi sans avoir eu le temps de faire les dernières emplettes (autant dire le plus fréquemment des femmes). En outre, l'infraction sera durement réprimandée, la patrouille conduisant généralement le contrevenant ou la contrevenante droit en prison.

La guerre à peine commencée, la *Luftwaffe* bombarde les villes de Pologne, de Hollande (Rotterdam notamment), de Belgique et de France. À son tour, la Grande-Bretagne, seule face à l'ennemi, va subir, à partir de l'été 1940, les bombardements massifs de ses ports et de ses aérodromes puis de ses villes, Londres en tête.

Le *Blitz* (ainsi l'appellent les Anglais) va durer cent jours et cent nuits, jusqu'à ce que l'héroïque RAF oblige Hitler à renoncer à envahir l'Angleterre. Dès les premiers bombardements, Londoniens et Londoniennes se sont réfugiés dans les abris et le métro. Chaque habitant s'est en outre appliqué à garder son calme, voire son sourire (*Keep smiling through*).

Loin de briser le moral des Britanniques, les bombardements de nuit, les ruines et les incendies, l'ont galvanisé.

Quand les nazis poursuivront ces bombardements de terreur dans leur avance vers les Balkans, en Méditerranée (Malte sera l'une des villes les plus bombardées de la guerre), en Europe centrale puis en URSS, et que les Japonais en feront autant dans leur conquête du Pacifique, les Alliés ne seront pas en reste, même si le principe du bombardement fut vaguement condamné durant l'entre-deux-guerres. Leur puissance industrielle et logistique aidant, ils vont même faire mieux, si l'on ose dire. La RAF lance ses propres bombardiers sur l'Allemagne dès l'été 1940. Avec la formidable machine de guerre américaine et la décision, depuis janvier 1943, de lancer contre l'ennemi des bombardements stratégiques « à un point tel que sa capacité de résistance soit mortellement atteinte », toutes les villes d'Allemagne vont être écrasées sous les bombes, Berlin en tête qui, le seul 27 février 1945, reçoit 2 800 tonnes de bombes, soit une moyenne d'1 kg d'explosif par habitant. À la fin de la guerre, 1,35 million de tonnes de bombes au total auront été déversées sur l'Allemagne, tuant 305 000 personnes et en blessant ou mutilant 780 000.

Le comble de l'horreur est atteint à Dresde dans la nuit du 13 au 14 février 1945. La ville n'a aucune importance stratégique et de ce fait près de 200 000 réfugiés, femmes, enfants et vieillards, y ont afflué. Une première vague de 529 Lancaster britanniques suivie le lendemain de 450 « forteresses volantes » américaines répand des milliers de bombes incendiaires sur la ville. L'incendie dure plusieurs jours, asphyxiant dans leurs abris ceux qui ont tenté de se protéger. Dans une ville détruite à 75 %, on retirera des décombres plus de 50 000 cadavres calcinés.

Les bombardements alliés n'épargnent pas non plus

l'Europe dans les combats de la Libération, semant la ruine notamment en Italie et en France. La Normandie à elle seule paie un lourd tribut au Débarquement et aux cent jours de bataille qui vont suivre : 20 000 civils tués, 385 000 maisons ou immeubles détruits ou gravement endommagés.

Quant au Japon, les deux bombes atomiques d'Hiroshima et de Nagasaki, mais tout autant les bombardements classiques, auront tué près de 300 000 habitants. Dans la nuit du 9 au 10 mars 1945, 1665 tonnes de bombes incendiaires sont lancées sur Tokyo, où la plupart des constructions sont en bois, et la ville brûle dans un véritable typhon de feu provoqué par un courant d'air artificiel de 150 km/h portant la température jusqu'à 1 000 degrés. On retrouvera dans les canaux des corps ayant littéralement bouilli et l'on comptera 90 000 morts carbonisés ou asphyxiés, c'est-à-dire plus qu'à Hiroshima.

Pas plus qu'en Grande-Bretagne pendant le *Blitz*, ces bombardements de terreur, pudiquement appelés par les états-majors « bombardements stratégiques » alors même qu'ils n'ont entamé qu'en partie la production ennemie (en Allemagne en tout cas), n'ont abaissé le moral des populations. Ils ont certes contribué à démoraliser les hommes au front quand ils ont vu que leurs parents, leurs femmes et leurs enfants risquaient eux aussi leurs vies. D'ailleurs les bombardements étaient faits en partie pour cela. Mais cette démoralisation des soldats, pris comme ils l'étaient dans les liens de la discipline et de la déréalisation, n'a pas raccourci la guerre d'un seul jour.

Sous les bombes, les femmes ont subi un calvaire spécifique. D'abord parce qu'elles ont été les plus nombreuses, avec les enfants, leurs enfants. Il suffit pour cela d'examiner les photographies des lendemains de bombardements lorsque s'alignent horriblement les files de corps en attente de cercueils de fortune. Ainsi, l'Allemagne comptera à la fin de la guerre 60 femmes tuées par les bombardements pour 40 hommes. En URSS, la proportion sera même supérieure. Mais surtout, dans les caves et les abris, ce sont elles qui, comme toujours, ont montré le plus de courage et d'abnégation, se préoccupant des autres, enfants, vieillards, hommes désemparés, avant de s'occuper d'elles-mêmes. Elles ont dû penser à tout, emportant dans l'abri une couverture, un peu de nourriture, de l'eau surtout et de quoi s'éclairer. Elles ont apaisé les peurs et les pleurs des enfants en bas âge.

Dans le danger, la femme, autant sinon plus que dans le quotidien de guerre, a révélé sa force et ses capacités de dévouement. Colette l'a joliment écrit : « Un observateur affirme que la femme crie jusqu'au moment où elle souffre véritablement ; après quoi elle se tait, concentre ses forces et retient sa clameur » (*Paris de ma fenêtre*, 1944).

Il en a été de même dans les ruines, et ce, quels que soient les pays ravagés. Là encore les documents photographiques ne nous montrent pratiquement que des femmes. Les voici, souvent âgées, fouillant les décombres de leur maison en ruine, en Ukraine, en Italie du Sud, en Normandie. Elles y cherchent ce qui peut être encore sauvé : de la nourriture, quelques objets utilitaires, un peu de linge, mais aussi des photos, des souvenirs. Juchées sur leur tas de pierres, elles restent les gardiennes tutélaires du foyer. Inconsciemment peut-être mais magnifiquement, elles protestent ainsi contre l'insupportable scandale du passé détruit, de la mémoire bafouée, des référents patrimoniaux envolés.

Les voici en 1941 à Liverpool, recherchant à travers des maisons éventrées, une couverture sous le bras, un gîte précaire pour la nuit ; à Saint-Dié dans les Vosges, en novembre 1944, retournant les premières dans leur ville, libérée certes mais ravagée. Les voici encore rejoignant Louvain en ruine et encore désert. Certaines ont leur jeune enfant dans les bras, d'autres sont chargées de paquets, mais toutes ont ceci en commun de marcher droit, la tête haute, sans résignation aucune. À regarder les visages des femmes de Castelforte en Italie du Sud qui posent devant leur village en ruine en mai 1944, comme à regarder ceux, un mois plus tard, de ces femmes de Montebourg dans la Manche en Normandie, on voit les mêmes regards graves, loin de l'exubérance des Parisiennes dans un Paris épargné. Ni joie ni tristesse, mais une détermination tranquille.

Les voici encore, en Russie, réorganisant la vie au milieu des ruines de leur maison : une chaise, quelques caisses autour d'un feu à ciel ouvert où elles font chauffer de l'eau. Les voici, la truelle à la main, dans les villes à peine libérées, pour remplacer les hommes au front. Les voici enfin à Berlin en mai 1945 et dans les mois qui suivent, dans cette Allemagne que Rossellini data si bien « année zéro ». La ville semble vide d'hommes, d'Allemands en tout cas car les soldats soviétiques, eux, sont bien là. Quant aux Berlinoises, elles sont partout, dans les rares queues de distribution de pommes de terre, mais aussi faisant la chaîne pour déblayer les ruines ou encore charriant de pesants tombereaux au long des immenses avenues de la capitale anéantie. Elles sont là, tellement présentes qu'on les a baptisées « femmes des ruines » (*Trümmerfrauen*).

Ces travaux lourds et pénibles, y compris le concassage des cailloux, leur sont souvent imposés par le vainqueur soviétique. De même, sur leurs arrières, les soldats japonais, comme en Birmanie en 1942, contraignent les femmes, leur enfant juché sur le dos, à des travaux de force. On est loin des modes liées à l'Occupation dans Paris.

Les bombardements, tout comme l'avance des armées, précipitent les populations sur les routes, c'est-à-dire de nouveau majoritairement les femmes et les enfants. La Seconde Guerre mondiale a été une longue suite d'exodes successifs en Europe et en Asie qui ont jeté pêle-mêle sur les routes des millions de civils.

La brusque attaque des armées hitlériennes à l'ouest provoque d'abord l'exode de 1940. Deux millions de Belges mais aussi de Néerlandais et de Luxembourgeois fuient vers le sud, vers la France, en dépit des invitations gouvernementales à rester chez soi. Aux menaces de bombardements (bien réelles) et d'envois de gaz (qui ne seront finalement employés par aucun belligérant) s'ajoute le souvenir des atrocités commises par les Allemands lors de la Grande Guerre. La fuite est contagieuse et le départ des notables en voiture a tôt fait d'inciter les plus modestes à les imiter, qui à bicyclette, qui en voiture à cheval, qui à pied. Les trains sont pris d'assaut. On a emporté tout ce qui pouvait l'être, dans d'indescriptibles entassements au-dessus desquels trône souvent un matelas, et on a abandonné le reste aux pillards. Ceux-ci seront plus souvent des concitoyens, voire des voisins, que les soldats allemands lancés dans le *Blitzkrieg*.

On se met en chemin par familles entières mais ce sont aussi des femmes seules qui, les maris ou les frères étant au front, s'unissent en petits groupes solidaires. Beaucoup d'entre elles sont enceintes mais il leur faudra néanmoins marcher et marcher longtemps. Sur la route, la débrouillardise est de mise, comme pour cette mère qui, afin de nourrir sa petite fille, n'hésite pas à traire les vaches abandonnées dans les herbages.

Au terme d'un itinéraire anarchique et compliqué,

Fernande Marchand, qui vient d'accoucher, fait halte à Châtellerault. «Nous soufflons un peu. Quant à ma grand-mère, elle n'ira pas plus loin. Un matin, elle ne se réveille pas. Pauvre grand-mère, elle qui ne faisait que rire ces derniers temps, aurait-elle ri de cet enterrement ? Une famille presque en haillons, une petite fille en larmes mais parée d'une superbe robe rouge (don d'un centre d'accueil).»

L'hospitalité prodiguée par les populations rencontrées est d'autant plus aléatoire que celles-ci, l'avance allemande allant à grande vitesse, se jettent à leur tour sur les routes et dans les gares. Ces 6 à 8 millions de réfugiés entravent la progression des rares troupes franco-britanniques qui veulent encore se battre.

La contagion gagne Paris. Anne Jacques, une infirmière qui accompagne une centaine d'enfants évacués de la capitale, raconte dans ses mémoires : «J'ai vu toute une famille, une bande de petits attachés les uns aux autres comme une petite grappe, et la mère éreintée tirait derrière elle sa chaîne, sa charge, sa raison de vivre.» Elle écrit plus loin : «Les femmes sont très bien, je peux le dire, j'en ai vu beaucoup et dans des heures où l'on se fait juger. Elles ne sont plus ni bavardes, ni nerveuses, ni faibles, elles sont raisonnables, calmes, charitables entre elles et souvent héroïques (…) Ces jours-là, les femmes qui sont mères sont plus que des mères. (…) Affamées, elles voient les enfants manger sans en prendre une miette ; assoiffées, elles goûtent dans un verre dont elles n'auront qu'une gorgée.»

Ces enfants sont souvent perdus dans les cohues, au point que leurs mères ne les retrouvent pas. Ce sont alors d'épouvantables drames. Une mère, chargée de six enfants et qui en a tout simplement oublié un, le plus petit, devient folle de désespoir. Ailleurs, un bébé est trouvé par un soldat. On reprend espoir en découvrant une gourmette gravée à son poignet mais on n'y lit que « Jean ». Les gares sont pleines de messages pathétiques et improbables : « Cherche petit garçon de 5 ans, brun et bouclé ; il s'appelle Paul Duval. Perdu ici ce matin. »

Sur les routes, la mort rôde sans répit car les Stukas mitraillent tout, civils comme militaires. Après les attaques, des cadavres d'hommes et de chevaux gisent au milieu d'un chaos indescriptible de voitures renversées dans les fossés, de valises éventrées d'où s'échappent linge, papiers et photos de famille. Tout ce qui a fait une vie et qui se défait en un instant.

Hélène Brosteau, réfugiée belge, raconte qu'exténuée et juchée sur un camion militaire si élevé qu'elle ne peut en descendre et y remonter que si on l'aide, a décidé de n'en pas bouger avec son enfant en dépit des mitraillages. « Je suis restée pendant une alerte, je tenais le gamin sur mes genoux, contre moi pour ne pas qu'il voie ce qui allait se passer. Depuis la cabine, je voyais et j'entendais les balles ricocher exactement comme des grêlons. J'étais toute seule. Il y avait de quoi devenir folle. »

« Il est à peine croyable, conclut Anne Jacques, que, depuis tant de malheurs, je n'aie pas vu une femme pleurer, ni au départ, ni dans les gares. Le malheur est trop grand. Les femmes se taisent, et les enfants. Ce sont les hommes qui pleurent. J'en ai vu trois aujourd'hui. »

L'armistice signé, les millions de réfugiés de l'exode de 1940, arrivés pour beaucoup jusque dans le sud de la France, vont commencer à rentrer chez eux. Il n'y aura plus de mitraillages mais les conditions du retour seront à peine meilleures que celles de l'aller.

Cet exode, pour être le premier d'envergure de la guerre, n'a pas été le seul, loin de là. En Grande-Bretagne, au cours de l'été de la même année, mais de façon très organisée,

600 000 enfants fuient le *Blitz* des grandes villes, et notamment de Londres. Des centaines de mères vont se séparer volontairement de leurs enfants pour toute la durée de la guerre afin d'accomplir leur devoir de femmes britanniques sur le «*home front*». Certains de ces enfants s'en iront même vers les États-Unis, le Canada ou encore l'Afrique du Sud.

Au fur et à mesure que la guerre s'étend en Europe, les exodes se multiplient : en Finlande devant l'invasion soviétique, dans les Balkans, en Europe centrale, en URSS en fuyant les armées allemandes qui, dès la conquête de la Pologne, ont assis leur réputation de férocité. Cet exode des populations se trouve aggravé en URSS par la politique de la terre brûlée qu'a ordonnée Staline. Femmes et enfants en bas âge, presque tous les hommes étant au front ou au maquis, ne trouvent strictement rien devant eux, ni nourriture, ni abri. Beaucoup devront vivre et souvent mourir, terrés dans les forêts jusqu'à la fin de la guerre.

Exode aussi des populations du sud de l'Italie ou de la Normandie fuyant les bombardements en 1943 et 1944. Là encore, les photographies montrent surtout des femmes avec des enfants et des vieillards. Elles fuient leur ville ou y reviennent dans les ruines de la Libération. Parfois, c'est sur les routes de campagne ou dans les champs qu'elles ont trouvé la mort à laquelle elles croyaient échapper.

En Chine, des millions de civils ont dû fuir devant l'avance japonaise et son cortège de pillages, de viols et de massacres de masse. Il en va de même en Birmanie, aux Philippines et dans les nombreux autres pays où les Japonais, qui ont cru d'abord rallier les populations à leur cause, ont commis de tels excès que celles-ci se sont vite lassées et ont fui.

Puis c'est au tour de l'Allemagne nazie de connaître un double exode à partir des premiers mois de 1945. À l'est, les civils allemands fuient massivement à partir d'abord de la Prusse-Orientale devant les soldats de l'Armée rouge ivres de vengeance après les atrocités commises dans leur propre pays. Dans le sens inverse, des centaines de milliers de déportées du travail en Allemagne, ukrainiennes notamment, tentent de regagner sinon leur foyer du moins leur pays. À l'ouest, les femmes avec leurs enfants en bas âge (les enfants à partir de 14 ans) et tous les hommes vieux ou invalides ayant été requis par le *Volkssturm*, « l'armée du peuple », désertent de leur côté la zone des combats, encombrant les routes en même temps que les longues cohortes de prisonniers. Dès avant cette année terrible, des exodes ont eu lieu, comme après les impitoyables bombardements de Hambourg les 25 et 28 juillet 1943, où près d'un million de femmes et d'enfants ont cherché refuge à la campagne. Mais, sans atteindre de tels chiffres, c'est sans cesse qu'au cours de la guerre il a fallu fuir et fuir encore.

À la veille de la capitulation allemande du 8 mai, ce sont plus de 20 millions de réfugiés qui errent ainsi à travers l'Europe en ruine. Sur ce nombre effarant, beaucoup ne retourneront jamais chez eux ou ne retrouveront jamais les leurs.

Martyres

L'étoile jaune au féminin

À peine au pouvoir, à partir du 30 janvier 1933, les nazis se déchaînent contre les Juifs, semant la terreur et instituant un arsenal de mesures discriminatoires et vexatoires. Dans les sept ans qui séparent l'accession au pouvoir de Hitler et le déclenchement de la guerre, plusieurs centaines de lois ou de décrets anti-juifs vont voir le jour.

Les femmes allemandes qui ont eu des relations amoureuses avec des Juifs sont promenées de force dans les rues au cours du printemps 1933 avec un écriteau tel que celui-ci : « Je suis la plus grande truie du quartier. J'ai eu des relations avec les Juifs. » Quant aux Juives allemandes, elles font l'objet d'une attention spéciale dans les lois de Nuremberg édictées en 1935 et écartant les Juifs de la citoyenneté parce que « n'étant pas de sang allemand ». Or, pour les nazis, il faut protéger le sang allemand mais aussi l'honneur allemand. Interdiction non seulement des mariages entre Juifs et citoyens allemands mais également, par exemple, de l'emploi de femmes de ménage « de sang allemand » de moins de 45 ans par des Juifs. Ce délire dans la législation antisémite ira jusqu'à poursuivre une Juive qui aura vendu son lait à un service de pédiatrie en dissimulant « sa race ». Une escroquerie donc selon la loi « car le lait d'une Juive ne peut être considéré comme un aliment pour des enfants allemands ».

Avec la guerre qui approche, Hitler, jusqu'alors un tant soit peu attentif aux opinions publiques européennes, n'a plus besoin de réfréner sa haine. Après la nuit du 9 au 10 novembre 1938, « la Nuit de cristal » (*Kristallnacht*), la violence directe contre les Juifs allemands se déchaîne. Dès le lendemain de cette nuit de violences, 30 000 Juifs sont arrêtés et dirigés vers les camps de concentration de Dachau, Buchenwald et Sachsenhausen. Le prétexte invoqué est d'accélérer l'émigration juive hors d'Allemagne.

L'instauration du port de l'étoile jaune s'inscrit dans ce contexte. Il s'agit à la fois d'humilier « l'ennemi héréditaire » par le marquage d'une couleur considérée comme infamante au Moyen Âge et de le repérer pour « l'empêcher de nuire ». En Pologne, le port d'un brassard blanc assorti de l'étoile de David à six branches est institué à partir du 1er décembre 1939. C'est au tour des Juifs allemands qui n'ont pas voulu ou pas pu fuir le Reich de devoir porter sur le côté gauche de la poitrine, à partir du 1er septembre 1941, une étoile de David en tissu jaune avec l'inscription «*Jude*».

La France de Vichy n'est pas en reste. Le 16 juillet 1940, trois semaines seulement après la signature de l'armistice, une première loi prive de la nationalité française les Juifs naturalisés. À l'instar de l'Allemagne nazie, une kyrielle de lois va suivre, certaines allant plus loin que les textes législatifs nazis.

Après la réunion à Berlin, le 4 mars 1942, des «spécialistes des questions juives», il est décidé que le port de l'étoile jaune doit être étendu à la France, à la Belgique et aux Pays-Bas. En France, l'ordonnance est publiée le 29 mai 1942, avec effet à partir du 7 juin. Cette étoile devra être portée dès l'âge de 6 ans «bien visiblement sur le côté gauche de la poitrine, solidement cousue sur le vêtement». Après de longues et difficiles négociations, seuls les Juifs de la zone occupée y seront astreints.

Plusieurs entreprises s'empressent de confectionner 400 000 étoiles jaunes bordées de noir avec, du même noir, l'inscription «Juif». Les Juifs sont sommés de venir retirer trois étoiles par personne dans les commissariats – et ce, contre un point de la carte de rationnement en textile. La mention «JUIF» ou «JUIVE» qui figurait déjà en grosses lettres capitales sur les cartes d'identité va permettre à la police de faire la chasse aux réfractaires.

La presse collaborationniste se déchaîne de manière ignominieuse : «L'abondance des Juifs sur les trottoirs parisiens, lit-on dans *Paris-Midi*, a ouvert les yeux aux plus aveugles. À mesure que vos pas vous conduisent vers l'Hôtel de Ville, par les vieilles rues aux noms qui sentent encore le Moyen Âge, vous apercevez, de-ci, de-là, quelques-unes de ces fameuses étoiles jaunes nouvellement imposées aux Juifs. Mais dès que vous pénétrez dans ce que l'on peut appeler le ghetto de Paris (…) ces signes distinctifs deviennent plus nombreux (…) et vous apercevez, au bout de peu de temps, que vous êtes, vous l'Aryen, qui ne porte pas d'insigne, l'objet de la curiosité générale. »

Dans le même journal (du 8 juin 1942) Robert Aubelain ose écrire que les Juifs ne doivent pas plus se sentir humiliés par « l'emblème de leur race » que si les Français ou les Aryens devaient porter une cocarde. Quant au *Cri du peuple*, le journal fondé par le fasciste Jacques Doriot, il s'indigne d'avoir vu une avocate juive au Palais de Justice « arborant » son étoile jaune avec fierté. « Assistée de quelques pécores aryennes, elle semblait la statue de l'orgueil haineux. »

En revanche, l'opinion publique est indignée, que ce soit en France, en Belgique ou aux Pays-Bas. Les manifestations de sympathie sont nombreuses et, pendant quelques semaines, l'on voit fleurir de fausses étoiles sur les poitrines avec des mentions telles que « Goy », « Papou », « Swing », « Auvergnat ». Plus sobrement, des non-Juifs arborent l'étoile jaune marquée « Juif ». Ce genre de manifestation coûte cher et conduit ses auteurs en prison ou à Drancy, où les premiers Juifs arrêtés ont commencé à être concentrés dans l'attente de leur déportation. Au-dessus de leur fausse étoile est alors cousue une bandelette portant l'inscription, infamante selon la police de Vichy : « Ami des Juifs ».

Les femmes sont nombreuses à manifester leur réprobation. Alice Courouble, une dactylo âgée de 29 ans, s'est approprié, stipule le rapport de police dans une formule surréaliste, « l'étoile à laquelle elle n'avait pas droit ». Une autre encore, Marie-Antoinette Planeix, écrouée à la Santé, exhibait une étoile jaune en papier avec le signe « JNRJ ». Dans sa déposition, elle déclarera : « Par ceci, je voulais démontrer que

Jésus-Christ était le premier Juif royal. Je n'ai rien d'autre à déclarer.» Ces courageuses protestataires seront par chance libérées au bout de quelques mois.

Juifs et Juives ont eu de leur côté des réactions très diverses. Beaucoup se sont conformés à la prescription, toujours dans l'espoir d'une humiliation passagère ou au contraire parce qu'ils ont estimé qu'il n'y a pas de honte à être juif. D'autres ont décidé de ne pas mettre l'étoile jaune, risquant l'envoi dans des «camps de travail» à chacun des nombreux contrôles qu'organise la police. Souvent une arrestation a lieu seulement parce que le porteur de l'étoile est accusé de l'avoir dissimulée. Cette traque se poursuivra sans désemparer jusqu'à la veille de la Libération.

Dans cette résistance au port de l'étoile jaune, les femmes, les jeunes surtout, font preuve d'une grande inventivité, fixant l'insigne par des boutons-pression pour ne le mettre que lors d'un barrage de police ou pour passer devant le concierge, souvent suspect d'être un indicateur. Ainsi Marguerite, «la Juive Gleidmann», contrôlée, avait fixé son étoile à sa robe par de simples épingles. Le rapport de police ajoutera, toujours dans son style effarant: «À noter que l'étoile était neuve et que la Juive, qui n'a pas le faciès israélite, ne doit pas la porter régulièrement.»

Après l'ordonnance scélérate, une jeune Polonaise de 17 ans internée au camp de la Lande près de Tours mais qui a la permission de suivre des cours en ville, a la bouleversante candeur d'écrire, le 3 juin 1942, au chef de la *Feldkommandantur* de Paris la lettre suivante: «Je voudrais vous adresser une prière: comme vous savez, il est interdit aux Juifs de paraître en public à partir du 7 juin sans porter l'étoile jaune. Cela me chagrine beaucoup, car je suis juive. Je suis jeune et j'ai de la peine à concevoir que je ne peux plus me trouver en société sans provoquer chez certains un sentiment d'animosité. J'aime tous les êtres humains sans distinction et me voir repoussée par ceux que j'aime, surtout par mes camarades de classe, me cause un vif chagrin. » Et la naïve jeune fille de demander une dispense en priant respectueusement le *Feldkommandant* de bien vouloir lui répondre avant que le décret entre en vigueur.

Prisons

Le refus de porter l'étoile jaune ou son port « illégal » ne constitue que l'une des nombreuses causes d'incarcération sous l'Occupation. Or, pendant celle-ci, il n'y a jamais eu autant de femmes dans les prisons françaises (en temps de paix, elles y sont toujours très minoritaires). La Petite Roquette, prison de femmes depuis 1932, connaît des affluences records. Les « droit commun » voient leurs effectifs croître du fait même de l'Occupation : multiplication des délits classiques tels que vols, escroqueries, mais aussi apparition de délits nouveaux liés notamment au marché noir, ou encore des délits anciens mais aggravés par la nouvelle législation, à commencer par les affaires d'avortement. Très rarement en tout cas, le grand banditisme et le crime. En temps de guerre comme en temps de paix, la femme est moins violente que l'homme.

Mais le surpeuplement des prisons a pour cause l'apparition d'une catégorie nouvelle : les « DP » (détenues politiques). Là encore, les motifs d'incarcération sont très divers même si on peut les englober presque tous sous le nom de Résistance. À la Petite Roquette comme dans les quartiers de femmes des prisons telles que Fresnes, ces femmes qui ont milité dans des réseaux, manifesté ne serait-ce que contre les privations, rédigé ou distribué des tracts, appartiennent le plus souvent à des milieux populaires et se situent très majoritairement dans la mouvance communiste, militant dans des organisations clandestines souvent issues d'organisations de jeunesse dissoutes.

Le moral de ces prisonnières est très élevé, du fait de leur engagement politique, du fait aussi de la jeunesse de beaucoup d'entre elles. À la Petite Roquette, il existe une véritable direction clandestine de la prison et pas moins de deux journaux clandestins : *La Patriote enchaînée* et *Confiance-Lutte-Espoir* (pour les plus jeunes). Toutes les détenues entonnent *la Marseillaise* dès qu'une des leurs est transférée pour quelque destination inconnue. Paradoxalement, c'est en prison plus qu'en liberté, où elles sont en proie aux mille tracas du quotidien, que ces femmes peuvent consolider et approfondir leur engagement politique.

Ces « politiques » attendent d'être jugées et ensuite, la plupart du temps, transférées. Leur parcours est souvent complexe, tel celui d'Hélène Mabille. Elle est condamnée une première fois à dix mois de détention à la Petite Roquette pour « reconstitution de ligue dissoute ». Après un refus de signer une déclaration d'allégeance au gouvernement de Vichy, elle est transférée au camp des Tourelles à Paris puis, au début de 1942, au camp d'Aincourt près de Mantes-la-Jolie. Lors de ce transfert, les femmes chantent *la Marseillaise* et *l'Internationale* en traversant Paris. À l'arrivée au camp, Hélène est désignée au hasard avec cinq autres compagnes sous l'inculpation de chants séditieux. Cette fois, après un séjour en prison cellulaire à Mantes, une cour spéciale la condamne à dix ans de prison « pour atteinte au moral et chants séditieux ». Son avocat, commis d'office, aura le courage de dire au tribunal : « De toute façon, que vous lui donniez cinq ans ou vingt ans, c'est pareil. La fin de la guerre, c'est bientôt. » Malheureusement, Hélène sera finalement déportée à Ravensbrück.

Les autorités d'occupation décident souvent la déportation au terme seulement du temps d'emprisonnement « légal » des détenues politiques, alors que celles-ci croyaient apercevoir le bout du tunnel. Pour des résistantes communistes aussi nettement « étiquetées » que les Francs-tireurs et partisans, le jugement à part et la condamnation à mort sont systématiques. Les transferts sont par ailleurs incessants, la Petite Roquette jouant le rôle de plaque tournante. À tout prendre, cette prison, en dépit de son surpeuplement, fait figure de prison presque correcte à côté de ce qui attend les « politiques », quelle que soit leur nouvelle destination : les prisons centrales, viviers d'otages où règnent la promiscuité et la malpropreté (ainsi le quartier des « nourrices » à Fresnes), les camps français, les prisons allemandes, les camps de concentration enfin.

Ces transferts pour la déportation en Allemagne auront lieu de Paris pratiquement jusqu'à la veille de la libération de la capitale. L'annonce du débarquement en Normandie avait pourtant soulevé un immense espoir, comme chez Marie-Marthe Brigouleix. Incarcérée à Fresnes pour faits de résistance (Libération-Nord), elle est, le 15 août 1944, quatre jours seulement avant le déclenchement de l'insurrection parisienne, entassée avec ses camarades de détention dans des bus qui les conduisent à la gare de Pantin, bondée de prisonniers que les nazis n'entendent pas laisser derrière eux. 665 femmes sont enfermées à 60 par wagon et prennent la direction de l'Allemagne pour un « voyage » qui va durer 144 heures. 144 heures de souffrance, de soif, d'étouffement. Ce sera le dernier convoi à quitter Paris.

La caserne des Tourelles, à la porte des Lilas, est un autre centre de tri regroupant hommes et femmes dans des quartiers séparés. Là aussi, il y a une organisation clandestine communiste omniprésente. D'ailleurs les « droit commun » ne disent pas « les politiques » mais « les communistes ». Là aussi le moral est très bon et la solidarité très grande. Certaines figures surgissent, telle celle de la « doyenne », une directrice d'école, qui apostrophe en ces termes le lieutenant qui commande les gendarmes, gardiens des Tourelles : « Vous ne devez pas avoir de mère, car vous n'êtes pas dignes d'avoir été mis au monde par une femme. »

Il y a aussi cette femme professeur de latin, déjà âgée. Lors de son arrestation, elle a perdu son dentier. Pendant toute sa détention, pour sauvegarder sa dignité, elle va maintenir sans cesse un mouchoir devant sa bouche. Jamais ses codétenues ni ses gardiens ne la verront autrement. Le matin de sa déportation, elle a décidé de rester inerte sur sa paillasse après avoir déclaré : « Je pourrai dire qu'ils m'ont emmenée mais pas que je suis partie. » Quatre gendarmes, qui n'ont pas poussé l'ignominie jusqu'à la brutaliser, l'emmènent donc sur une civière. Silencieuse et digne, elle tient toujours son mouchoir devant le bas de son visage.

La France a eu aussi ses camps, initialement créés pour interner des réfugiés de toutes nationalités fuyant le fascisme, le franquisme ou le nazisme, et pudiquement baptisés « centres de rassemblement d'étrangers ». Dans la patrie des droits de l'homme, ces apatrides avaient cru trouver l'asile politique mais avaient été jugés indésirables, et ce, dès avant l'installation du gouvernement de Vichy.

Rieucros, en Lozère, est un de ces camps. Créé le 21 janvier 1939, il a été transformé en camp de femmes au mois d'octobre de la même année. Elles sont une centaine à l'ouverture, puis 250 six mois plus tard et 570 au moment de l'armistice de juin 1940. L'administration française a classé comme dangereuses ces «politiques» de vingt nationalités différentes, en majorité espagnoles, allemandes et polonaises. Hélas l'Allemagne réclamera et obtiendra les ressortissantes allemandes lors de la rédaction de la convention d'armistice.

À partir de 1941, le nombre des Françaises augmente progressivement, au point qu'elles deviennent majoritaires. On y trouve des «politiques» venant de la Petite Roquette mais aussi des prostituées, à l'heure de l'ordre moral vichyste. Certaines militantes, prévoyant le pire, s'évadent et entrent dans la clandestinité. D'autres émigrent, grâce à l'aide d'organisations internationales.

Le 14 février 1942, les prisonnières de Rieucros, alors au nombre de 320, sont transférées au camp de Brens, dans le Tarn. Le camp a d'abord été construit pour accueillir les réfugiés de l'exode de 1940, puis les autorités ont commencé à y entasser des Juifs étrangers. Le 26 août de la même année, une première déportation massive de femmes juives provoque une violente manifestation d'opposition de la part des «politiques», ce qui vaudra à plusieurs d'entre elles d'être déférées devant le tribunal militaire de Toulouse.

Au mois d'avril 1943, les prostituées internées à Brens constituent un tiers des effectifs totaux. Elles posent de tels problèmes de cohabitation que l'administration décide de les libérer au cours de l'été afin de ramener le calme dans le camp. Il n'est pas question en tout cas de relâcher les femmes juives qui sont tantôt déportées, tantôt transférées dans d'autres camps où certaines parviendront à échapper à la déportation. Là encore, les «politiques», mieux organisées et plus conscientes des dangers qu'elles encourent, réussissent assez souvent à s'évader, le plus souvent pour rejoindre la Résistance.

Brens est réquisitionné par la *Wehrmacht* le 3 juin 1944 et les 151 femmes qui y sont encore sont transférées au camp de Gurs, dans les Pyrénées. Ce gros camp compte en octobre 1941 4 590 «hébergés», dont 2 376 «femmes et enfants israélites». Il y existe même une maternité qui fonctionne, entre autres pour recueillir le fruit des conceptions «intra-muros». Un rapport de la même époque au préfet des Basses-Pyrénées se targue de ce que «les hébergés de confession israélite obtiennent toutes facilités pour pratiquer leur religion» et de ce que l'état moral est bon, «les hébergés (juifs) espérant pouvoir émigrer en Amérique».

Un an plus tard, et à lire cette fois les témoignages des internées et non plus ceux de l'administration du camp, la situation est tout autre, le camp vivant au rythme des déportations massives de femmes juives vers la Pologne. Dès que les listes fatales sont affichées, ce sont les mêmes scènes atroces de crises de larmes, de femmes qui se cachent ou qui essaient de se suicider. Les départs sont tout aussi durs au milieu de pauvres bagages qui s'éventrent ou se perdent, de femmes hospitalisées à l'infirmerie et qui doivent quand même partir, de femmes âgées qui s'évanouissent d'épuisement après avoir attendu leur tour trois heures debout dans les files.

Au camp de Drancy, au nord-est de Paris, c'est pire encore. Une cité d'HLM non achevée a d'abord servi, en juin 1940, à enfermer des prisonniers de guerre ainsi que des civils britanniques ou encore alsaciens. Très vite, à l'instigation du Commissariat général aux questions juives, le camp se «spécialise» dans l'internement des Juifs, étrangers puis français, dans l'attente de leur déportation vers les camps de concentration, par convois d'un millier de personnes à chaque fois. Le camp est gardé par des gendarmes français mais placé sous la juridiction directe d'Eichmann, l'un des principaux chefs de la SS chargé de la liquidation des Juifs en Europe. On y entasse jusqu'à 10 000 personnes dans des conditions d'internement et d'hygiène déplorables, les hommes dans une aile, les femmes et les enfants en bas âge dans l'autre.

L'histoire de Drancy est liée à celle de la grande rafle du Vel' d'Hiv' du 16 juillet 1942. Ce palais des sports dans le XVe arrondissement, célèbre pour ses courses cyclistes sur piste, avait déjà servi, en mai 1940, de camp de rassemblement pour les ressortissantes allemandes du département de la Seine (les hommes pour leur part ont été sommés de se rendre au stade Buffalo). « Il y avait là, dira Käthe Hirsch, des Françaises de naissance qui avaient épousé des Allemands, et des femmes d'origine allemande qui possédaient depuis longtemps la nationalité française ; il y avait des réfugiées politiques, de braves bourgeoises qui vivaient à Paris depuis des dizaines d'années et des bonnes à tout faire tout à fait inoffensives qui avaient suivi leurs maîtres à Paris, ne savaient plus où aller et étaient tout à fait désorientées. » Cette Allemande, très jeune alors, commentera plus loin dans son témoignage : « Cette grande masse de femmes me remplissait d'optimisme. Que peut-il arriver à tant de gens ? pensais-je. »

Ce premier internement au Vel' d'Hiv' n'est qu'une pâle répétition de ce qui va suivre. La plus grande opération policière jamais réalisée en France et baptisée « Vent printanier », à l'instar d'une glorieuse offensive militaire, a pour objectif la rafle de 27 388 Juifs fichés comme étrangers ou apatrides par 9 000 policiers et gendarmes français. Une telle opération demandant une longue préparation, des fuites ont pu se produirent. Des tracts clandestins ont circulé pour prévenir les Juifs. Mais où fuir ? Avec quels papiers falsifiés ? Et avec quel argent pour cette population la plupart du temps pauvre ? On pense souvent aussi que les femmes et les enfants ne risquent rien et que les hommes seuls doivent fuir ou se cacher. Et pourtant, pendant deux jours, à l'aube de ce

16 juillet 1942, la police va emmener enfants et femmes, y compris les femmes enceintes et les femmes en couches. Beaucoup vont supplier mais en vain les policiers. Désespérées, quelques-unes se jetteront par la fenêtre avec leur bébé.

Entassés dans des cars avec un maigre ballot, les adultes sans enfants sont aussitôt dirigés sur Drancy tandis que les autres, c'est-à-dire une grande majorité de femmes, sont emmenés au Vel' d'Hiv'. Avec 7000 personnes, dont 4051 enfants, dans la chaleur suffocante de la grande verrière, sans eau, sans nourriture, pratiquement sans lieux d'aisances (une dizaine en tout, bouchés dès le premier jour), l'enfer commence et va durer huit interminables jours. Huit jours marqués de crises de folie collective, de tentatives de suicide, d'odeurs pestilentielles (chacun étant bientôt contraint de faire ses besoins sur place). Quelques assistantes sociales et quelques infirmières parviennent à s'introduire dans l'enceinte du Vel' d'Hiv' mais elles ne peuvent que constater leur impuissance et témoigner de l'atmosphère dantesque qui y règne.

La rafle des 16 et 17 juillet, qui prendra le nom de « la grande rafle du Vel' d'Hiv' », laissera pourtant les Allemands et leurs fidèles auxiliaires de Vichy sur leur faim. On a arrêté un peu moins de la moitié des Juifs fichés : 3031 hommes, 5802 femmes et 4051 enfants. Qu'à cela ne tienne, la traque aux Juifs cachés va prendre le relais en même temps que s'opèrent d'autres rafles dans beaucoup de villes de France, ainsi qu'en zone libre où Vichy a promis à l'occupant des « livraisons de Juifs ».

Les malheureux du Vel' d'Hiv' sont conduits pour la plupart à Drancy où les premiers convois pour Auschwitz ont fait un peu de place (mais on manque de trains !). Les conditions d'internement sont à peine meilleures. Les nouvelles arrivantes sont parquées dans les escaliers avec la défense absolue d'en bouger et aux hommes d'en approcher. Pour ce premier «arrivage» de femmes et d'enfants, rien n'a été prévu et ce sont de nouveau des scènes de confusion et d'accablement.

Le 17 août 1944, à la veille de la libération du camp de Drancy, le 65e et dernier convoi part pour les camps de concentration d'Allemagne et de Pologne. 70 000 des 76 000 Juifs déportés de France auront transité par cette véritable antichambre de la mort. Une semaine auparavant, hâtivement tracé sur un mur de Drancy, un graffiti, parmi d'autres semblables, n'en prenait que plus de résonance: «Lucie Fuantes et sa mère, 58 rue Sedaine, déportées le 31 juillet 1944 avec bon moral».

Viols et massacres

Les viols, qu'ils soient individuels, collectifs ou de masse, sont hélas inhérents aux guerres, celles-ci abolissant tous les codes, à commencer par celui du respect de la personne humaine, *a fortiori* quand il s'agit d'un civil et de surcroît d'une femme face à un soldat. Or ce crime absolu qu'est le viol n'a été jusqu'à une date récente que peu évoqué dans les histoires de la Seconde Guerre mondiale et d'ailleurs ne figure pas, lors des procès de Nuremberg, dans la liste des crimes contre l'humanité.

Toutefois, certains viols de masse ont marqué les mémoires de manière indélébile, tels ceux qui ont eu lieu conjointement aux massacres de Nankin le 13 décembre 1937. Les troupes japonaises, furieuses de voir que le peuple chinois qu'elles méprisent leur résiste, entrent dans Nankin abandonné par ses défenseurs. La mise à sac de la ville, organisée pour terroriser l'ennemi, va durer plus d'un mois et atteindre un tel degré de brutalité que les nazis, alors présents, parleront de

« bestialité mécanique » – il est vrai qu'on n'est alors qu'en 1937. Les maisons sont vidées de leurs habitants et pillées, les hommes massacrés, certains jetés à genoux sur les places et décapités au sabre dans la « noble » tradition des samouraïs. On fusille, on éventre à coups de baïonnette. On fait brûler vifs des habitants, on en noie dans le Yangzi, et aussi, on viole. Ce sont au moins 20 000 femmes de tous âges mais aussi des fillettes qui sont ainsi violées après avoir été recherchées jusque dans les hôpitaux et les écoles.

Dès cet épisode atroce, apparaissent les caractéristiques des viols de masse, que ce soit la volonté de déshumaniser autant celle qu'on viole que celui qu'on massacre, ou que ce soit, de nouveau comme dans les massacres, la manifestation, de la part du soldat violeur, d'une « virilité de groupe » et d'une affirmation de sa solidarité audit groupe. Des accusés auront beau jeu d'invoquer cette solidarité au groupe comme une obligation, sous peine d'en être exclu soi-même. Processus aussi de déréalisation qui conduit à s'aveugler au point de ne plus non seulement vouloir mais aussi pouvoir réaliser qu'on a devant soi un être humain. Là encore, le parallèle s'impose entre les ressorts psychologiques du viol et ceux du massacre.

Estimant sans doute que les viols, hormis ceux de Nankin, sont ordinairement contraires à la discipline des armées, le commandement militaire japonais a entrepris, dès la conquête de la Mandchourie en 1931, de les rendre en quelque sorte permanents en mettant en place dans les pays conquis des « installations apportant une consolation sexuelle », en clair des bordels militaires. Toutefois ceux-ci, destinés à « récompenser les soldats pour leurs longs séjours au front », sont alimentés par des femmes dites de « réconfort » qui ne sont pas des prostituées professionnelles mais des femmes kidnappées. De 100 000 à 200 000 Coréennes sont ainsi prostituées de force, ainsi que, la guerre continuant, des dizaines de milliers de Chinoises, de Philippines, d'Indonésiennes. Tout refus d'asservissement entraîne immédiatement la mort. Cette pratique odieuse ne cessera qu'avec la guerre elle-même.

Responsables de mille atrocités, à commencer par la déportation et le génocide, les soldats du Reich se sont moins distingués, semble-il, que leurs alliés japonais en matière de viols. Les explications en sont nombreuses et paradoxales, qui vont de la stricte discipline (à fort encadrement de sous-officiers) et de la volonté du commandement de faire apparaître les armées du Reich comme «correctes» (c'est le cas lors de la campagne de France, même si des bataillons SS ne se privent pas de massacrer des civils dans le Nord) à une telle «logique», à l'est notamment, d'extermination de masse et de mépris des *Untermenschen* («sous-hommes») qu'il n'est même pas question de viol.

Ceci n'empêche pas les viols ponctuels, que ce soit dans les Balkans ou même dans la France ou l'Italie de l'automne 1944, lorsque les troupes allemandes qui font retraite n'ont plus d'encadrement. Les soldats livrés à eux-mêmes, pillant, violant et tuant au fur et à mesure qu'ils reculent sans espoir de retour, n'ont plus à assumer la réputation d'une armée jusqu'alors chargée de donner à la population française une image voulant inspirer l'ordre et la confiance. Or ces viols sont suffisamment nombreux pour que dans le département de la Drôme, par exemple, l'administration préfectorale se préoccupe des enfants nés de ces viols: «Il importe que l'enfant ne soit pas élevé et qu'il n'ait aucune attache dans le département où sa mère a été victime de violences, afin qu'il ne risque pas d'en souffrir plus tard…»

On se serait moins attendu à trouver des affaires de viols en nombre important du côté des troupes anglo-saxonnes. Si ceux-ci furent apparemment très peu nombreux de la part des Anglo-Canadiens, il n'en fut pas de même de celle des soldats américains. Arrivés en Grande-Bretagne dès 1943 en prévision du Débarquement, ils finissent par y être un million et demi. Prisonniers jusqu'alors d'une culture puritaine pour les soldats blancs et d'un racisme pour les soldats noirs qui leur interdisait pratiquement de regarder une femme blanche (et pas seulement dans le Sud), les Gi's désœuvrés, riches au regard de la population britannique qui est dans sa cinquième année de guerre et de privations, se lancent dans une chasse aux filles effrénée. Les Anglaises diront d'eux : « *Over-paid, over-sexed, over-here* » (« Trop d'argent, trop de sexe, trop longtemps »).

Fort heureusement, ce phénomène se traduit souvent par des idylles et même par des mariages. Comment les jeunes filles anglaises, nourries de cinéma hollywoodien, ne se seraient-elles pas laissé séduire par ces grands garçons rieurs, grimpés sur leur jeep, à l'argent facile et qui semblent tout droit sortis de l'écran ? L'un des numéros du *Ladies' Home Journal* américain publie au début de 1945 un article significativement intitulé : « Ah ! Ces Anglaises ! » L'auteur, un colonel d'infanterie, y fait des comparaisons au détriment de la femme américaine, trop indépendante pour plaire aux hommes.

Près de 100 000 jeunes femmes britanniques épousent ainsi un Gi et le suivront aux États-Unis à la fin de la guerre, mais au moins autant accoucheront d'un enfant illégitime après que le séducteur aura disparu. Le phénomène est suffisamment massif pour qu'à l'entrée de certains villages, l'humour britannique ne perde pas ses droits avec ce panneau : « Gi's, attention, ne roulez pas trop vite ! Cet enfant qui traverse la rue est peut-être le vôtre ! »

Beaucoup moins souriante est la réalité des viols. Ceux-ci ont d'abord lieu en Grande-Bretagne. Ce ne sont pas des viols de masse, rarement même des viols collectifs, mais le plus souvent des viols d'un rendez-vous où la jeune femme, souvent une employée de condition modeste, n'a pas voulu se laisser faire. Mais ce sont aussi des viols aggravés, certains suivis de meurtre. 121 cas sont ainsi jugés en Grande-Bretagne, cependant, combien de femmes se sont infligées la honte de porter plainte ? Un spécialiste de l'époque avance le chiffre de 5 %. Toujours est-il que les condamnations requises par les tribunaux militaires sont lourdes, allant jusqu'à la peine de mort suivie d'exécution par pendaison. Parmi les condamnés, une majorité de soldats noirs – ce qui conduit à une problématique qui, pour être délicate, ne doit pas être éludée. À coup sûr, les violeurs noirs apparaissent en plus grand nombre dans les archives de la justice militaire. Ce sera vrai aussi en France et en Allemagne, les viols des Gi's étant presque toujours commis à l'arrière par des troupes d'intendance, là où justement sont relégués les soldats noirs américains. Mais cette statistique n'est peut-être que le reflet d'une plus grande sévérité à l'égard de soldats de couleur mis devant une plainte pour viol. Dès avant la guerre, le Noir n'était-il pas, pour bon nombre d'Américains blancs, y compris pour les officiers de la justice militaire, l'archétype même du violeur ?

Ces viols se poursuivent en France, et d'abord en Normandie après le 6 juin 1944. Le malentendu entre les Gi's et les femmes est encore plus flagrant qu'en Grande-Bretagne. Les Françaises ont une réputation de femmes faciles, au point d'être surnommées « Oh là là ! » Quant aux femmes, pourquoi se méfieraient-elles de leurs libérateurs ? On parvient ainsi à des situations où de trop confiantes jeunes Normandes (et moins jeunes) vont se jeter littéralement dans la gueule du loup en se rendant nuitamment jusque dans les camps militaires pour y échanger contre vingt litres d'essence une bouteille de calvados que les soldats s'empressent d'ingurgiter, alors même que les trois quarts des viols s'opèrent sous l'emprise de l'alcool. Une jeune Havraise déclarera à un journaliste américain: «Je ne sais pas pourquoi les Américains pensent que toutes les filles françaises veulent faire l'amour avec n'importe qui. Je pense que les Gi's peuvent être charmants quand ils n'ont pas bu. Mais lorsqu'ils sont soûls, ce sont des bêtes.»

Pour toutes ces raisons, les viols commis par des Gi's sont plus nombreux en France qu'en Grande-Bretagne (175 accusations pour le seul mois de juin 1944) mais moins qu'en Allemagne. Cette fois, les Gi's sont en pays ennemi, où chacun, homme ou femme, est considéré comme un nazi. Dans un pays totalement en ruine où la criminalité endogène est déjà grande, les femmes, souvent privées de tout environnement familial, sont particulièrement vulnérables. Comment ces «*fraulein*» oseraient-elles refuser de monter dans les camions de ramassage des filles? «*Schlafen mit?*» Gare à celles qui disent non. Il y aura des milliers de plaintes pour viol (260 pour le seul mois d'avril 1945) mais, là encore, pour combien de femmes qui n'auront pas osé se plaindre?

Les violeurs jugés en Allemagne, s'estimant moins coupables qu'en France ou en Grande-Bretagne, qualifient leurs victimes de «coucheuses», de «chiennes vautrées». La justice militaire semble leur emboîter le pas. Un avocat de la défense ira jusqu'à invoquer la facilité des filles engagées dans les foyers *Lebensborn*. Quant aux juges, ils ne feront suivre d'exécution aucune des condamnations capitales prononcées en Allemagne contre des violeurs. Est-ce parce qu'ils ont considéré que la réputation de l'armée américaine était moins menacée qu'en pays ami? Ou qu'en pays ennemi, ce n'était là qu'une sorte de dédommagement au regard des pertes subies?

Les remords sont exceptionnels, à l'instar de ce soldat qui

se livre avec un camarade à un viol précédé de coups. Pour échapper à la justice, il se suicide en laissant un message où il confesse avoir été ivre. C'était là son premier rapport sexuel. « Ma seule requête, ajoute-t-il, est qu'on dise à ma mère que je suis mort au combat. »

Mais c'est surtout lors de l'avance de l'armée soviétique en Allemagne que les viols ont présenté un caractère de masse d'une ampleur exceptionnelle. Au début de l'offensive soviétique en Prusse-Orientale, le 13 janvier 1945, des panneaux sont apposés par les commissaires politiques : « Soldat, rappelle-toi que tu es dans le repaire de la bête fasciste ! » Ilya Ehrenbourg, célèbre idéologue de l'URSS en guerre, multiplie de son côté les appels à la vengeance dans *Krasnaïa Zvezda*, le journal de l'Armée rouge. Les *frontoviki* (les combattants de première ligne), qui, tout au long de la reconquête, ont découvert des charniers pleins de leurs compatriotes massacrés et qui ont, tous ou presque, un ou plusieurs deuils à déplorer dans leur propre famille, vont se déchaîner.

Les populations de Prusse-Orientale, agricoles et rurales pour une grande part, ont commencé à prendre les chemins de l'exode, frappées notamment par un film de propagande nazie évoquant le viol et le massacre de 62 femmes et jeunes filles à Nemmersdorf, à l'automne précédent, lors d'une première incursion des armées soviétiques dans le pays. Mais le gauleiter de Prusse-Orientale a finalement refusé aux civils une évacuation considérée comme une défaite. À chacun, soldat ou civil, de se battre sur place et jusqu'à la mort. Telles sont les instructions constantes du Führer.

Quand femmes, enfants et vieillards tentent de s'échapper, il est trop tard. Le froid et la neige sont déjà là, et aussi, les premières vagues soviétiques. Pillages, incendies, massacres et viols commencent aussitôt. Ils ne vont cesser, cinq mois plus tard, qu'à Berlin. Le NKVD, police politique suivant de près et surveillant les premières lignes, en fait régulièrement état dans les rapports qu'il envoie à Moscou et qui ne reçoivent en retour aucune recommandation de modération. L'un de ces rapports reproduit le témoignage de l'une des victimes racontant l'arrivée de l'armée soviétique le 3 février, dans sa ville. « Ils sont arrivés dans la cave où nous nous cachions, ont pointé leurs armes sur moi et sur les deux autres femmes se trouvant là et nous ont ordonné de sortir dans la cour. Là, douze soldats m'ont violée tour à tour, tandis que d'autres faisaient subir le même sort à mes deux voisines. La nuit suivante, six soldats ivres ont fait irruption dans la cave et nous ont violées devant les enfants. »

Ces scènes insoutenables vont malheureusement se répéter à l'infini, n'épargnant aucun âge, et quand, à Königsberg, des femmes venant d'être violées supplieront leurs agresseurs de les tuer, ceux-ci indignés leur répondront que les soldats russes ne tuent pas les femmes et que seuls les soldats allemands le font. À Berlin, symbole même de l'orgueil du Reich, c'est pire encore. Les soldats soviétiques prennent cette fois le temps de choisir leurs victimes, voire de les attacher de force pendant quelques jours, en échange d'un peu de nourriture. Combien de femmes allemandes furent-elles ainsi violées ? Des dizaines de milliers qui pour beaucoup se retrouvèrent enceintes ou atteintes de maladies vénériennes, dans le dénuement physique et moral le plus total. Terrées dans les caves ou dans les souterrains, essayant de sauver leurs plus jeunes filles, ces Berlinoises tentent de conserver au moins la réputation d'esprit de la capitale. Faisant référence aux bombardements alliés qui ont précédemment endeuillé Berlin, elles ont inventé cet épouvantable dicton : « Mieux vaut un Russe sur le ventre qu'un Américain sur la tête. »

Les camps de concentration en Allemagne n'ont pas été dans leurs premières années de fonctionnement des camps de la mort (au sens de cette destination spécifique) mais des camps de répression, aux conditions de détention certes très dures, mais dont on pouvait parfois sortir au bout de quelques années. Dès 1933, ces premiers camps se créent un peu partout en Allemagne. Il y en a 89 pour les hommes et un seul pour les femmes, à Moringen, où déjà apparaissent les deux grandes catégories de déportées : une quarantaine de « droit commun » (essentiellement pour prostitution ou avortement) et une quarantaine de « politiques », communistes pour la plupart, qu'on retrouve aussi en beaucoup plus grand nombre dans les prisons du nouveau Reich, souvent en attente d'exécution sommaire. Pour les femmes de Moringen, l'appareil nazi veut bien encore considérer qu'une « rééducation » est possible, et d'ailleurs le camp est administré par la *Nationalsozialistische Frauenschaft*, la ligue des femmes nazies.

En mars 1938, la direction du camp relève désormais de la SS. Les femmes de Moringen, dont l'effectif est alors d'un millier, sont d'abord transférées dans un nouveau camp à Lichtenburg, puis, au début de 1939, à Ravensbrück dans le Mecklembourg, un camp que viennent d'édifier 500 déportés du camp de Sachsenhausen. Toutes les détenues, sauf sept autrichiennes, sont allemandes. Aux « politiques » et aux « droit commun » s'ajoutent des membres de sectes religieuses, notamment des Témoins de Jéhovah. La discipline est féroce mais la nourriture est encore « acceptable » et l'hygiène une véritable obsession. Les propagandistes nazis se plaisent à décrire les dortoirs aux lits impeccablement alignés et aux couvertures tirées au cordeau. On est toujours, et avec des *Volksdeutsche*, dans un contexte de rééducation politique, à base de travail forcé et de punitions corporelles.

Avec la guerre, tout change. En octobre 1940, il y a 10 000 détenues dans le camp : Allemandes, Autrichiennes, Tchèques, Polonaises, tantôt juives, tantôt « politiques », tantôt les deux à la fois. La direction SS du camp s'est avisée qu'il y a là un formidable réservoir de main-d'œuvre et commence à louer « ses déportées » aux entreprises agricoles et aux usines de la région. Ainsi dans les ateliers Siemens, les femmes doivent s'initier au travail à la chaîne avec des cadences et des horaires de plus en plus durs (12 puis 14 heures par jour) au fur et à mesure que s'accroît l'effort de guerre. Bientôt, toute une constellation de « *Kommandos* » annexes fonctionne autour du camp principal, chacun alimentant une ou plusieurs des 55 entreprises en « contrat de travail » avec la SS.

Le décret « *Nacht und Nebel* » (« Nuit et Brouillard ») du 7 décembre 1941 qui permet la déportation politique sans jugement dans toute l'Europe occupée, et la conférence de Wannsee, le 20 janvier 1942, décrétant la « Solution finale » pour les Juifs, transforment Ravensbrück, comme les autres camps de concentration, en camp de la mort.

Jacqueline Marié, résistante déportée dans le dernier convoi parti de Paris le 15 août 1944, raconte ce que fut son arrivée à Ravensbrück après sept jours de transport dans des wagons à bestiaux, sans nourriture et sans eau : « Enfin l'arrivée : vociférations, hurlements, aboiements, les portes s'ouvrent… À coups de crosse de fusil nous avons été poussées hors des wagons. Il fallait sauter, et les pauvres éclopées, les malades et les très vieilles dames furent jetées à terre sans ménagement. Hagardes, apeurées, nous avons dû nous ranger par cinq et, avec des chiens sur nos talons et encadrées par des SS solidement armés, nous nous sommes mises en marche. Nous avons franchi un porche monumental, découvrant un spectacle qu'aucune d'entre nous n'a jamais pu oublier (...) Une odeur curieuse imprégnait le camp. Il s'agissait des crématoires. Nous avons été parquées sur une immense place entourée de sinistres baraques. Là aussi le soleil était implacable et nous mourions encore de soif. L'une d'entre nous s'adressa à un de nos gardiens et lui demanda de l'eau, juste un peu d'eau. C'est alors que nous avons vu deux squelettes en robe rayée qui, à l'aide d'un grand tuyau d'arrosage, aspergèrent la partie de la place où nous n'étions pas ! (...) C'est ainsi que nous avons découvert le camp des femmes de Ravensbrück. De la bouche de détenues françaises, fantômes dépenaillés qui osaient s'approcher de notre groupe d'arrivantes et nous suppliaient de leur donner un peu de nourriture, nous avons appris que, nous aussi, nous ne tarderions pas à devenir des mannequins misérables. »

Et en effet, le calvaire de Jacqueline ne fait que commencer, comme celui des 123 000 femmes de seize nationalités qui se sont succédé et des 90 000 qui y ont péri. Germaine Tillion, arrêtée le 13 août 1942 après avoir milité dès août 1940 dans le réseau de résistance « Musée de l'Homme », a laissé un témoignage irremplaçable sur ce que fut sa déportation comme « NN » (*Nacht und Nebel*) à Ravensbrück. Elle apporte le double regard du témoin d'abord et aussi d'une ethnologue confirmée, alors âgée de 35 ans. À propos de l'éternel débat sur la question de savoir si l'opinion publique était instruite des camps de la mort, elle fait remarquer au passage qu'à la date où elle est déportée « n'importe qui en Europe est à peu près informé de ce qui se passe dans les camps à condition de se soucier d'autre chose que du ravitaillement ».

Selon elle, « parler du quotidien n'a pas de sens » car le camp est le royaume de l'arbitraire et de l'illogique. Le lever est à 3 h 30 et dès cet instant commence la lutte pour la vie. Il faut échapper aux coups de cravache des *Blockowas* (chefs de block), le plus souvent choisies parmi les Polonaises de « droit commun » (triangle vert). En une demi-heure, il faut pratiquement choisir entre les toilettes innommables au nombre de dix pour 1 000 détenues, le « café » et le *waschraum* où plusieurs centaines de femmes se disputent une vingtaine de robinets. Il n'y aura pas le temps pour les trois, ou alors il faut prendre sur le sommeil alors même que chacune est exténuée par les travaux de la veille.

Puis vient l'appel, « la terreur des bien portantes, l'horreur des faibles, des dysentériques, des œdémateuses ». Celui du soir peut durer des heures, les gardiennes ne retrouvant jamais leur compte. En rang par cinq et au pas, les colonnes de déportées s'en vont alors vers leurs corvées respectives, non sans avoir défilé au préalable devant une gardienne-chef SS, toujours prompte à distribuer coups et punitions. « Chacune meurt mille fois sa mort », écrira Charlotte Delbo, une déportée française.

Hommes et femmes SS ne sont pas les seuls ennemis des déportées. Il y a le froid et les intempéries dans une région particulièrement inhospitalière, la vermine, contre laquelle il est impossible de lutter, le manque d'hygiène absolu. « Pourtant, il nous faut rester propres, c'est vital : celles qui se laissent aller sont perdues. » Surtout, il y a la faim omniprésente : « On ne pense qu'à sa faim. C'est une obsession. » Non seulement la faim affaiblit le corps, confiera une détenue, mais elle favorise aussi les mauvais instincts, déclenchant de véritables bagarres et poussant aux vols.

Les nuits ne valent pas mieux que les jours, ponctuées de cris, d'allées et venues de déportées qui essaient de se rendre aux « toilettes » en titubant de fatigue et de faiblesse. Il faut de toute façon ne dormir que d'un œil si l'on veut retrouver sa couverture ou ses galoches au réveil. Il y a surtout l'infernal entassement des corps dans des châlits superposés où il est pratiquement impossible de s'allonger. Cette effroyable promiscuité se retrouve dans le block de mise en quarantaine où sont d'abord cantonnées à plusieurs centaines les nouvelles arrivantes. Marie-Claude Vaillant-Couturier, qui arrive à Ravensbrück par le convoi du 24 janvier 1943 et qui parle l'allemand, s'en indigne et a le courage de s'adresser à la *Blockowa* pour lui faire remarquer qu'il est impossible de s'entasser en si grand nombre. Alors, la *Blockowa*, au lieu de frapper l'insolente, lui rit au nez et lui répond : « Dans quelques jours, ça ira mieux ! » Et de fait, au bout de deux mois, les 230 femmes du convoi ne sont plus que 70. Les autres sont mortes.

Le camp, en effet, c'est surtout la « gestion de la mort ». On meurt en grand nombre à « l'hôpital » du camp (*Revier*) bien que les sélections finales s'opèrent avant, quand elles ne sont pas, au *Revier* même, le fait de l'infirmière en chef, l'*Oberschwester* Elisabeth Marschall. Sauf un certain nombre d'exécutions ponctuelles par balle (le plus souvent des intellectuelles polonaises ou des combattantes soviétiques), les mises à mort par gazage ont lieu dans d'autres camps au terme de ce qu'on appelle à Ravensbrück les « transports noirs ». Les détenues juives sont choisies en priorité mais aussi les malades, les « folles » (supposées ou vraies à force de désespoir) et les « vieilles ». Or, à Ravensbrück, on peut être vieille à tout âge, dès que s'installe l'état cachectique.

L'attribution de la carte rose a été l'appât. Elle autorise une déportée à rejoindre le block des « tricoteuses » qui effectuent des travaux de couture pour les SS et qui, luxe suprême, travaillent assises. Mais on y puise, en priorité avec les déportées juives, les affectées aux « transports noirs ». Ainsi dans la dernière semaine de janvier 1944, une véritable chasse aux «vieilles» s'organise dans le camp pour un transport noir. Il en faut 900 ; il y en aura 900.

En dépit de ces convois vers la mort, les effectifs croissent de façon vertigineuse : 17 300 femmes en janvier 1944, 28 000 en mai, 41 800 en septembre. Les blocks sont surpeuplés, les rations de nourriture diminuées. La logique de travail forcé va désormais laisser la place à celle de l'extermination dans le camp lui-même. Les exécutions ou encore les empoisonnements au *Revier* se multiplient entre les transports noirs. Une chambre à gaz est construite en décembre 1944 mais la direction du camp la juge trop exiguë. En janvier 1945, un petit camp annexe est ouvert à côté de Ravensbrück, le *Jugendlager*, à la fois antichambre de la chambre à gaz et lieu d'exécutions. Les SS laissent aussi simplement les détenues mourir de faim, comme ils le font encore en entassant des déportées, sans nourriture et sans soins, sous d'immenses tentes. En septembre 1944, 10 000 «évacuées» de Varsovie sont ainsi vouées à la mort par épuisement et inanition. Fin mars et début avril 1945, les gazages et les exécutions continuent alors même que les premières ambulances de la Croix-Rouge internationale stationnent déjà devant les portes du camp que l'armée soviétique libère finalement le 30 avril.

Il y a toutefois, comme dira une rescapée, «mille camps dans un camp», selon qu'on travaille dans un *Kommando* où le travail est moins dur, qu'on est dans un block où la *Blockowa* n'est pas sadique ou qu'au quotidien on n'a pas été punie ou qu'on ne s'est pas fait voler sa brosse à dents, bien précieux entre tous. Les nationalités et les confessions ont des statuts différents. Juives et Tsiganes sont promises à l'extermination quelle que soit leur nationalité. Les Russes et les Françaises sont mal vues et donc plus maltraitées parce que se pliant mal à la discipline du camp. Les Polonaises, celles qui survivent en tout cas, occupent de petites fonctions dans le camp. Mais à l'inverse, ce sont des jeunes filles polonaises, souvent des étudiantes, qui sont choisies pour subir toutes sortes d'expériences pseudo-médicales, notamment de vivisection. On surnomme ces malheureuses : *Kaninchen*, « les lapins ».

Dans cette déréalisation absolue qu'est la vie du camp, tout est possible et les mesures les plus folles deviennent alors la règle et la logique. Ainsi, le Reichsführer-SS Himmler, qui administre l'immense toile d'araignée de « ses » camps en veillant au moindre détail, s'est mis dans la tête de rééduquer « ses » déportés homosexuels. Qu'à cela ne tienne, il transfère d'Auschwitz en 1944 un important contingent d'entre eux à Ravensbrück où des jeunes femmes recrutées dans les « droit commun » ont pour mission de leur faire accomplir des « stages de guérison ». Le commandant d'Auschwitz, qui relate cet étonnant épisode dans les courts mémoires qu'il rédige après sa capture et en attendant son exécution, avait été pris d'un doute. Il y avait eu les incurables, les « vrais invertis » qui n'avaient pas voulu toucher aux filles généreusement offertes. Mais les autres ? Avaient-ils enfin commercé dans une sorte de rédemption sexuelle ou avaient-ils voulu « profiter des deux possibilités », hors de toute « guérison » ?

À Auschwitz-Birkenau, le plus important des camps de la mort, construit non loin de Cracovie, les deux fonctions de camp de concentration et de camp d'extermination se conjuguent. À la descente des trains qui déversent quotidiennement à l'intérieur même du camp leurs funestes contingents de victimes, la sélection se fait aussitôt en présence de médecins SS. Sur une file, les hommes et les femmes jeunes et valides. Sur une autre, infiniment plus longue, tous ceux qui ne sont pas jugés en état de travailler, et parmi eux, systématiquement, les mères accompagnées d'enfants en bas âge. Ceux-là prennent immédiatement le chemin de la chambre à gaz, après déshabillage et avant de passer « à la douche, pour désinfection ». Cette ultime mascarade est destinée à prévenir des mouvements de panique susceptibles de retarder l'opération. Höss, le commandant d'Auschwitz, accompagne parfois ces familles juives jusqu'à la porte des chambres à gaz. « J'ai parfois observé, écrit-il, des femmes déjà conscientes de leur destin qui, une peur mortelle dans le regard, retrouvaient encore la force de plaisanter avec leurs enfants et de les rassurer. »

Ces femmes ne sont pas toutes résignées devant la mort. Ainsi, le 23 octobre 1943 à Bergen-Belsen, dans la salle de déshabillage avant la chambre à gaz, une femme juive s'empare du revolver d'un sergent SS et l'abat. Les autres se ruent sur leurs gardiens, en blessant plusieurs avant d'être exécutées une à une.

Les déportées qui ont échappé à l'extermination immédiate sont dirigées vers le camp des femmes, plus petit que celui des hommes. Il a été créé en mars 1942, à partir d'un transport de 1 000 déportées de Ravensbrück où figuraient en majorité des triangles verts (droit commun) appelées à encadrer les déportées juives. Höss les juge ainsi : « Ces femmes surpassaient de loin leurs homologues masculins en vulgarité, en bassesse et en avilissement (...) ces bêtes féroces devaient inévitablement assouvir leurs mauvais penchants sur les détenues qu'elles devaient surveiller. Or, Himmler lui-même avait indiqué, lors de sa visite à Auschwitz en 1942, qu'il les considérait comme particulièrement désignées pour l'emploi de kapo auprès des femmes juives. »

Le commandant d'Auschwitz, en revanche, est très satisfait des femmes Témoins de Jéhovah, elles aussi déportées. En raison de leur haute morale, de leur bonne volonté et de leur aptitude au travail, elles sont employées, avec des conditions de vie infiniment supérieures à celles des autres déportées, dans les fermes qui entourent le camp et dans les familles SS. Höss en emploie deux « assez âgées » dans sa propre maison et n'hésite pas à leur confier ses propres enfants. Son épouse dit qu'elle ne ferait pas mieux.

Au camp des femmes d'Auschwitz, en revanche, c'est l'enfer. Celui-ci commence, dès l'arrivée au camp, avec l'humiliation des corps mis à nu et tondus en présence des SS lors du passage obligatoire au « sauna ». Maria Oyrzynska raconte l'ambiance du lieu où règnent des prostituées allemandes « vieilles, obèses et laides, avec des cheveux en pagaille, ressemblant à des sorcières d'un conte pour enfants ». Dans le camp, on les surnomme « *Puff-Mama* ». Au « sauna », elles sont supervisées par un sous-officier SS. Les malheureuses arrivantes n'osent se déshabiller devant lui. Quand Maria s'y résout, elle essaie de cacher sa nudité avec un morceau de couverture. Une des sorcières se jette alors sur elle, arrache la couverture et la gifle violemment en s'écriant : « *Heilige Madonna !* » (« Sainte Madone ! ») Pour faire bonne mesure, le SS lui applique un vigoureux coup de matraque sur les fesses. Ainsi finit la pudeur et commence Auschwitz.

Ici, la promiscuité est encore pire qu'ailleurs. Höss lui-même le souligne, précisant qu'avec l'arrivée des premiers grands contingents (Juives slovaques), « toutes les baraques se trouvèrent envahies jusqu'au toit (...) Dans le meilleur des cas, les douches et les cabinets n'auraient pu être utilisés par un tiers des détenues. » Il confie par ailleurs qu'« on n'a jamais réussi à mettre de l'ordre dans ce camp de femmes, précisément parce que, dès le début, cette promiscuité épouvantable ne le permettait pas ».

À cause de cela, les corps s'épuisent et le moral faiblit plus vite encore à Auschwitz, avec l'issue fatale des sélections régulières qui envoient les plus faibles à la chambre à gaz. Cet épuisement survient souvent en quelques mois, ne différant que de peu la sélection fatale à l'arrivée du camp. Parfois, au contraire, on s'accroche à la vie, échappant aux sélections, aux épidémies de typhus, jusqu'à l'épuisement final.

À Auschwitz, l'horreur à grande échelle se retrouve dans les nombreuses expériences pseudo-médicales auxquelles se livrent les médecins SS sous la conduite de Josef Mengele. L'un de ses adjoints, Carl Clauberg, se consacre à des expériences de stérilisation visant à long terme les populations de l'Est. Dans le baraquement n° 30 du *Revier* du camp des femmes, des Juives, dont le cycle menstruel n'a pas encore été interrompu par les privations et les souffrances du camp, sont soumises à l'injection d'une substance caustique dans le col de l'utérus. La forte infection qui en résulte provoque l'obstruction définitive des trompes utérines. L'opération est menée avec une telle brutalité que beaucoup de ces malheureuses en meurent. Pour comble d'horreur, le personnel « médical » est composé de détenues juives pour qui c'est le seul moyen, d'ailleurs provisoire, d'échapper à la mort. À leur tête, Alina Bialostocka, Polonaise juive et authentique gynécologue.

D'autres expériences de stérilisation ont lieu par exposition intense à des rayons X. Ce sont aussi des expériences de fécondation artificielle ou encore de médicamentation. Toutes ont ceci en commun de provoquer, pour un résultat scientifiquement nul, d'atroces souffrances et de nombreux décès qui ne font qu'anticiper la mise à mort des cobayes humains à la fois pour pouvoir effectuer des autopsies post-expérimentales et pour faire disparaître ces témoins-martyrs.

Les chances de survie des déportées juives et tsiganes, majoritaires à Auschwitz, sont infiniment inférieures à celles des déportées politiques. Ainsi, sur près de 12 000 femmes belges déportées, on ne comptera que 426 survivantes parmi les 10 000 Juives envoyées à Auschwitz, alors que les deux tiers des «politiques» de Ravensbrück parviendront à survivre.

L'esprit de lutte et de solidarité fait alors la différence. Les triangles rouges (politiques) ont cette volonté, forgée le plus souvent dans la Résistance. «Vivre, c'était combattre, et survivre, notre ultime sabotage», écrit Germaine Tillion, qui observe que, contrairement aux déportés hommes, les femmes n'étaient pas sectaires sur le plan politique et que la solidarité joua quels qu'aient été les engagements antérieurs à la déportation. Les témoignages sur ces solidarités féminines abondent. Telle nouvelle arrivante à Auschwitz ne comprend pas d'abord pourquoi l'employée aux écritures a abaissé son âge. Elle ne tardera pas à réaliser quel service lui a été ainsi rendu. Des femmes médecins au *Revier* cachent littéralement les malades promises à la sélection. On s'aide entre femmes d'un même pays, celles qui ont de meilleurs *Kommandos* de travail déployant des trésors d'ingéniosité et prenant d'énormes risques pour apporter à leurs compagnes quelques pommes de terre, un bout d'imperméable ou de savon, du fil et des aiguilles.

Cette solidarité des femmes se tourne tout naturellement vers les très jeunes enfants d'Auschwitz, ceux qui n'ont pas été, dès leur arrivée, assassinés dans les chambres à gaz. Ces enfants, regroupés dans des baraques surpeuplées et séparés de leur mère, vivent dans des conditions épouvantables. Il y a aussi les nourrissons mis au monde par les détenues non juives à l'intérieur même du camp que les SS ne prennent pas la peine de tuer. Ils meurent d'eux-mêmes, faute d'allaitement ou à cause du déplorable état sanitaire du camp.

Les femmes s'ingénient alors à adoucir les conditions de «vie» de ces jeunes survivants, comme ces détenues employées dans les cuisines qui prélèvent en cachette des rations supplémentaires de nourriture, ou encore comme celles qui travaillent dans les dépôts et font circuler clandestinement des vêtements et du linge pour les enfants. On orne de dessins les murs des baraques destinées aux enfants. On leur raconte des histoires.

Solidarité mais aussi force d'âme : « Une farouche détermination nous pousse à nous aider les unes les autres et nous permet de trouver la force de survivre à l'épreuve de tous les instants, écrit Jacqueline Pery d'Alincourt, résistante déportée à Ravensbrück en avril 1944. Tenir, malgré l'épuisement, ne pas nous laisser intimider, ne pas désespérer, c'est ce qui importe. Les possibilités de résistance sont infimes mais vitales : nous avions chanté en prison, nous continuons à chanter au camp, profitant du moindre répit dans la surveillance. Ce n'est souvent qu'un murmure. »

Chez ces déportées, le dépassement et le don de soi ainsi que l'aptitude à la compassion pour l'autre vont très loin. Voici Etty Hillesum, une Hollandaise juive de 29 ans déportée à Auschwitz, où elle va mourir, s'usant jusqu'à ses derniers jours à soulager les souffrances de ses compagnes et ayant ces paroles sublimes : « On voudrait être un baume versé sur tant de plaies. » Voici Paulette Duhalde, une jeune Normande de 21 ans arrêtée par la Gestapo à la fin de 1942. Déportée à Ravensbrück, elle y mourra d'épuisement, à quelques jours seulement de la libération du camp. Juste avant son départ de la prison de Fresnes, qu'elle savait sans retour, elle écrivait cette lettre à ses parents : « Mes parents bien-aimés et chéris, c'est le cœur déchiré que je vous écris cette dernière lettre sur le sol de France car je partirai lundi matin à 5 heures pour l'Allemagne. Je m'y attendais depuis longtemps, mais je ne peux me résigner à accepter pour vous cette horrible chose. Oh ! mes Parents adorés, pardonnez-moi d'avoir pensé à mon pays avant d'avoir pensé à vous (...) montrez-vous à la hauteur du sacrifice qui vous est demandé en l'acceptant sans aucune défaillance, sans faiblesse. (...) Votre petite fille monte sur vos genoux, vous entoure de ses petits bras et dépose sur vos joues de gros baisers...»

Toutes les femmes déportées ne sont pas aussi admirables, jusques et y compris chez les triangles rouges. Certaines ont été brisées par l'arrestation, les interrogatoires et les tortures. D'autres seraient incapables d'endurer les privations et les souffrances du camp si elles n'étaient pas soutenues par leurs compagnes plus fortes. Mais elles le sont et, dans l'ensemble, les femmes déportées survivent mieux que les hommes. En deçà d'une meilleure entraide et d'un plus grand altruisme, il y a aussi les mille petits riens de la vie quotidienne des femmes en temps de paix qui sont au camp autant de facteurs de survie : un peu plus d'ingéniosité, d'habileté manuelle, d'hygiène quand tout pousse à se laisser aller.

Mais, dans les camps de la mort, il s'est trouvé aussi des femmes pour garder d'autres femmes. Il y a d'abord les détenues exerçant une fonction de surveillance : une *Blockowa* et deux assistantes (*Stubowas*) par baraque et des *Kapos* contrôlant travaux, corvées et déplacements. Choisies parmi des détenues de droit commun, allemandes de préférence puis polonaises, ces assistantes font preuve pour la plupart d'une grande brutalité ne serait-ce que pour conserver une fonction qui leur procure d'immenses avantages matériels, à commencer par celui de pouvoir manger et dormir mieux que les autres. Toutefois, dans la dernière année des camps, à Ravensbrück notamment, les triangles verts ont été en partie remplacés, et avantageusement pour les déportées, par les triangles rouges constitués, comme à Auschwitz, en une véritable organisation clandestine. Pour les SS en tout cas, elles sont plus aptes que les triangles verts à compter, tenir des listes à jour, dire quelques mots en plusieurs langues.

Néanmoins, les vraies gardiennes, en uniforme celles-là, ce sont les femmes SS, les *Aufseherinnen*, que les déportées craignent plus encore que les *Kapos* et les *Blockowas*. Au 1er janvier 1945, il y en a 3 355 dans l'ensemble des camps de concentration pour femmes, dont 600 pour le seul camp de Ravensbrück. Elles sont en principe volontaires et proviennent de toutes les classes de la société allemande. Germaine Tillion raconte que c'était une sorte de curiosité malsaine pour les déportées de « chronométrer le temps que mettait une nouvelle *Aufseherin* avant d'atteindre ses chevrons de brutalité ». Pour l'une de ces nouvelles, toute jeune, qui le premier jour avait dit « pardon » en passant devant une déportée, il ne fallut pas plus de quatre jours. Une seule, de mémoire de déportée, n'avait pas pu s'y faire, pleurant sans cesse et finissant par disparaître.

À leur tête, dans chaque camp, une *Oberaufseherin*, dite aussi *Lagerführerin*, et son assistante. Ces dernières, à force de sadisme et d'invention dans la cruauté, ont laissé leur nom à la postérité. À Ravensbrück, Dorothea Binz, *Oberaufseherin* en second, fut la pire de toutes, faisant administrer des bastonnades jusqu'à la mort et se livrant à d'innombrables exploits sexuels avec les SS. À Auschwitz, son homologue est Irma Grese, surnommée par les détenues « la chienne d'Auschwitz ». Elle aussi n'est que la surveillante-chef en second. La *Lagerführerin* s'appelle Maria Mandel. Cette grande et belle femme trône du haut de son Olympe concentrationnaire, déléguant, pour le plus grand malheur des déportées, le quotidien à Irma Grese. Une seule chose intéresse Maria Mandel : la musique et le chant.

Fania Fénelon, Française juive déportée à Auschwitz le 20 janvier 1944 après neuf mois à Drancy, va sauver sa vie grâce à cette lubie. Elle aussi a d'abord connu la désinfection et la tonte, voyant avec stupeur la kapo polonaise jouer avec ses grandes nattes brunes qu'on vient de couper. Au block de quarantaine de Birkenau, elle est, au bout de quelques jours seulement, dans un état pitoyable et de mauvais augure, lorsqu'elle entend un appel pour recruter une chanteuse. Or elle chante du classique et joue du piano. La voici à la baraque de la musique où elle découvre un autre monde, correctement nourri, chauffé et habillé. Ici loge l'orchestre des femmes d'Auschwitz, au nombre de 47, et dont le chef d'orchestre, et par la même occasion kapo du block, n'est autre qu'Alma Rose, la nièce de Gustav Mahler.

On la requinque pendant quelques jours mais va-t-on la garder ? Tout dépend de Maria Mandel qui paraît enfin et lui demande de chanter *Madame Butterfly*, son air préféré, celui qui lui fait verser des larmes. Nouveau coup de chance : Fania connaît les principaux airs féminins de Puccini et possède une authentique voix de soprano. La *Lagerführerin* est si contente qu'elle dégotera et passera elle-même aux pieds de sa nouvelle « diva », devant le block médusé, la paire de chaussures (du 34) que le magasin d'habillement ne trouvait pas. Voici Fania embauchée dans l'orchestre de femmes qui accompagne en musique les départs et les retours des déportées au travail quotidien et qui donne des concerts pour les SS auxquels assiste souvent le Dr Mengele, entre deux expériences sur « ses » jumeaux.

Mille camps dans un camp (et d'ailleurs Fania connaîtra par la suite l'enfer de Bergen-Belsen). Une totale déréalisation qui conduit l'épouse du commandant d'Auschwitz à se demander pourquoi il est si triste le soir à la table familiale et qui lui fait conclure que c'est à cause « des soucis de service ». Mais bien réelles sont les victimes par millions dans les camps de la mort, juives et non juives, au terme d'un indicible calvaire.

II
EFFORT DE GUERRE

Produire

Pendant la Grande Guerre déjà les femmes étaient entrées massivement dans le monde du travail pour pallier l'absence des hommes au front. En Allemagne, le nombre des ouvrières était passé de 1,4 million à plus de 2,1 millions. En Grande-Bretagne, aux États-Unis, le nombre des femmes à l'usine avait doublé. Dans une France plus rurale et plus traditionnelle, elles étaient tout de même 363 000, soit 25 % du total des travailleurs en usine. C'était beaucoup moins qu'en Allemagne mais suffisamment révolutionnaire pour faire dire à Joffre, certes sur le ton de la plaisanterie, que « si les femmes qui travaillaient dans les usines s'arrêtaient vingt minutes, la France perdrait la guerre ».

Or, cet afflux pourtant considérable fut infiniment moins important que celui que connut la Seconde Guerre mondiale, à l'heure de la guerre totale et de la mobilisation de toutes les forces vives des pays. Il fut en outre très inégal, l'idéologie cette fois s'en mêlant, entre les pays de l'Axe et les pays alliés.

La guerre venue et surtout la guerre continuant et mobilisant de plus en plus d'hommes, le Reich nazi est pris dans un dilemme : comment concilier l'idéologie de la mère au foyer et génitrice de la race des seigneurs avec une logique de guerre ayant désormais besoin des femmes pour son appareil de production ? En 1942, Göring résume crûment l'alternative, montrant au passage en quelle estime il tient les femmes allemandes : « Poulinières ou juments de trait ? »

Dès le début de la guerre, la question du travail des femmes en Allemagne se pose avec insistance. Le Grand Reich (y compris l'Autriche et les Sudètes) compte alors 30 millions de femmes de plus de 14 ans, mais ce nombre impressionnant diminue comme peau de chagrin dès qu'il s'agit de la transformer en main-d'œuvre. 5,2 millions de femmes sont au travail en 1939. C'est beaucoup, mais, si le nombre a augmenté en valeur absolue, il a diminué en proportion depuis 1933. Les salaires sont bas, la main-d'œuvre masculine non qualifiée étant mieux payée que la main-d'œuvre féminine qualifiée. Les promotions sont quasiment interdites aux femmes afin de ne pas « porter atteinte au moral » de leurs compagnons de travail et pour « ne pas encourager un esprit de rivalité ». Les conditions de travail sont exécrables, avec des horaires pouvant atteindre jusqu'à 13 heures par jour.

En outre, le discours et la politique sur le statut des femmes dans le Reich s'empêtrent dans leurs contradictions. Hier encore, le foyer et les enfants étaient la seule destination noble de la femme. Aujourd'hui, les chantres du régime essaient de leur expliquer que leur seul foyer, c'est le grand foyer du *Volk*, du Reich.

Ces contradictions se retrouvent au plus haut niveau.

Albert Speer, ministre de l'Armement et de la Production de guerre, s'étonne, dans les mémoires qu'il aura le temps de rédiger tout au long de ses vingt ans d'emprisonnement après la guerre, que Hitler n'ait pas montré le même acharnement que Churchill et Roosevelt à mobiliser toutes les forces vives de la nation sans en exclure les femmes. Il explique cette attitude par la crainte de favoriser ainsi une révolution du type de celle de 1918 en Allemagne. Speer est certainement l'un des seuls dignitaires du régime à tenter de diriger massivement les travailleuses allemandes vers l'industrie de guerre. Il fait remarquer à Fritz Sauckel, ministre de l'Intérieur puis commissaire pour l'utilisation dans le Reich et les pays occupés de la main-d'œuvre réquisitionnée, que les photos de sortie d'usines allemandes pendant la Grande Guerre donnent à voir de très nombreuses ouvrières. Il lui montre des magazines britanniques et américains récents campant des femmes en grand nombre dans les usines d'armement. Speer fait aussi remarquer que le nombre d'aides ménagères en Allemagne est de 1,4 million alors que celui de Grande-Bretagne, d'abord comparable, a diminué de deux tiers au profit de l'industrie d'armement. Bref, lui aussi veut des Allemandes pour ses usines. Sauckel, appuyé par Göring, vaguement chargé d'un plan de quatre ans, et finalement par Hitler, lui répondra que le travail en usine risque de porter préjudice au moral de la femme allemande ainsi qu'à sa fécondité.

Speer en revanche se montre beaucoup plus discret dans ses mémoires sur une autre main-d'œuvre, employée, massivement celle-là, dans l'industrie de guerre : celle des hommes et des femmes réduits en esclavage dans les camps de concentration.

Enfermés dans leur logique misogyne et une division idéologique de la société où, en dépit de la guerre, l'homme demeure chef et soutien de famille et où la femme se consacre au foyer, les dirigeants nazis décident de ce qui est bon ou mauvais pour les femmes, tuant dans l'œuf toute possibilité d'émulation et de volontarisme. Et ces mêmes dirigeants de s'étonner et de s'affliger des mauvais rendements, de l'absentéisme, du mécontentement des Allemandes au travail. Celles-ci sont d'ailleurs de plus en plus nombreuses à quitter leur emploi, à commencer par les 500 000 épouses de soldats qui préfèrent rester à la maison et ne vivre que de leur maigre allocation militaire. Des mouvements de contestation parfois très durs ont même lieu à la base, que la Gestapo n'ose réprimer. « Des faux pas en ce domaine peuvent avoir des répercussions dangereuses, aussi bien sur le moral de l'arrière que sur celui du front », indique un rapport du secrétaire d'État Stuckart, conforté dans ces conseils de modération par le haut commandement militaire qui va, à la veille de la campagne de France, jusqu'à recommander qu'il soit répondu favorablement aux revendications des ouvrières.

Alors que le désastre de Stalingrad est imminent, le décret du 27 janvier 1943 mobilise pourtant toutes les femmes de 17 à 45 ans. Les Allemandes n'en fuient que davantage, intriguant auprès des dignitaires nazis pour rester chez elles ou encore obtenir des dispenses médicales. Sur 3 millions de femmes visées, 1,1 million seulement sont embauchées, bien que ce soit souvent qu'à temps partiel. La ligue des femmes nazies (NSF) en est réduite à faire du porte-à-porte pour tenter de convaincre les réfractaires ou encore, en février 1943, à passer des petites annonces pour tenter de recruter des conductrices d'autobus. L'inspection de l'armement dénonce explicitement cette « fuite des femmes ».

Au cours du premier semestre 1944, la machine de guerre nazie s'affole, envoyant 2 millions d'ouvriers allemands au front et les remplaçant par 1,2 million de travailleurs étrangers et seulement 100 000 femmes allemandes. Pour compenser cette nouvelle défection féminine, le Reich instaure un « service d'honneur de la femme allemande », une astreinte sur place de 2 à 3 heures par jour à laquelle, en principe mais en principe seulement, nulle n'est censée échapper.

Devant un telle désaffection, Hitler lui-même a préconisé très tôt l'importation par la force de main-d'œuvre étrangère féminine. Il a décidé de faire venir des territoires occupés de l'Est (d'Ukraine notamment) 400 000 à 500 000 aides ménagères pour « apporter aux ménagères allemandes et surtout aux mères de famille nombreuse un soutien efficace ». Mais ceci ne donne toujours pas à Speer ses ouvrières pour l'armement et, de toute façon, les dirigeants nazis font difficilement confiance à des travailleurs étrangers pour de tels emplois, alors même qu'ils assignent des postes identiques aux déportés. Il n'empêche que la main-d'œuvre étrangère en Allemagne (on devrait plutôt dire l'esclavage) croît de 1,2 million en mai 1940 à 7,6 millions au début de 1945, dont 1,5 million de femmes (21 % du total de la main-d'œuvre féminine en Allemagne).

Un autre palliatif a été tenté avec les jeunes filles du Reich. En août 1935, le *Reichsarbeitsdienst* (RAD), le Service national du travail, d'abord institué pour les garçons et précédant le service militaire proprement dit, a été étendu aux jeunes filles de 20 ans. Le volontariat sur la base d'un an de service ne donnant que de maigres résultats, le *Deutscher Frauenarbeitsdienst* est rapidement devenu obligatoire.

Personne n'y échappe, y compris les Luxembourgeoises ainsi que les Alsaciennes et les Mosellanes, appelées à partir de février 1941 et qui vont devenir des « Malgré-Nous » au féminin. Les réfractaires sont envoyées dans un camp disciplinaire tandis que le plus grand nombre est dirigé vers l'Allemagne. Une vie paramilitaire s'organise dans des camps où le drapeau nazi est hissé chaque matin et où est dispensée une éducation politique. Au bout de dix jours de « formation », les jeunes filles doivent prêter serment au Führer sur le drapeau nazi et sont désormais astreintes au salut hitlérien. Une fermière dira à sa *Arbeitsmaid* alsacienne : «Tu es allemande d'annexion ; j'espère que tu deviendras une Allemande de cœur.»

Toutes ces jeunes filles, allemandes de souche ou «d'annexion», s'éreintent au cours de longues journées de travail dans des fermes, dans des familles nombreuses ou sur des chantiers de travaux publics – ce sont là des secteurs déficitaires de l'économie allemande – mais toujours pas dans les usines d'armement de Speer. Les filles sont cloîtrées la nuit au camp, dont elles ne sortent que le dimanche pour se rendre, si elles le souhaitent, à l'office, protestant ou catholique. Elles sont alors revêtues de leur tenue n° 1 : robe bleue, tablier blanc, broche nazie du RAD.

À coup sûr, le pouvoir nazi peut agir plus facilement sur ces jeunes filles que sur les Allemandes adultes. C'est pourquoi le service obligatoire a été étendu à toutes les Allemandes de moins de 25 ans pour peu qu'elles ne soient pas mariées. En avril 1944, ce service passe à dix-huit mois. En fait, la tentation est forte de conserver ces filles, sinon nazifiées, du moins disciplinées et solides. Mais le Reich se retrouve de nouveau devant ses contradictions vis-à-vis des femmes. Le Dr Theo Morell, médecin personnel de Hitler, s'oppose formellement à toute nouvelle prolongation du RAD : «Si on ne veut pas continuer à diminuer le nombre de femmes désireuses et capables d'enfanter, il ne faut en aucun cas songer à un allongement de la période du Service du travail.»

L'armée, pour sa part, s'est avisée qu'il y avait chez les filles du RAD un réservoir idéal d'auxiliaires. Aussi, à partir d'octobre 1942, s'ingénie-t-elle à transformer souvent ce RAD, après six mois de classe, en KHD (*Kriegshilfsdienst*), le « service d'auxiliaire de guerre pour les jeunes filles », qui lorsque le Reich, les revers venus, mobilise ses dernières forces, passe à dix-huit mois. Dans la dernière année de la guerre, la date de la libération est fréquemment annulée par une réquisition. En cas de désertion, les familles des jeunes filles sont menacées de déportation.

Les tâches sont à la fois dangereuses et harassantes, avec des semaines de travail de 72 à 84 heures. Les jeunes filles, en uniforme et soumises à la discipline militaire, sont employées dans les transports militaires ou encore les hôpitaux de campagne. Parfois, elles travaillent dans des usines de pièces détachées ou de munitions dépendant directement de l'armée. L'une de ces *Maiden* témoigne : « L'artificier nous escorte jusqu'à une baraque de travail. Là, je suis assise devant une table d'une longueur impressionnante et je dois nettoyer, polir, astiquer les douilles d'obus qui reviennent du front. Une seconde équipe regarnit ces douilles, une troisième pèse la poudre et la coule dans des sacs cousus par des couturières qui replacent les fermetures. (...) Pas de domaines réservés, les *Maiden* interviennent à tous les niveaux de la fabrication, de l'expédition au front en passant par le chargement des caisses de munitions sur les wagons. La discipline est des plus sévères. »

D'autres filles sont utilisées à la météo, dans les transmissions (*Nachrichtenhelferinnen*), dans la marine (*Kriegsmarinehelferinnen*) ou encore la surveillance aérienne nocturne des routes suivies par les bombardiers (système « Minotaurus »). Hors de tout volontariat, ces malheureuses, directement exposées aux raids aériens, passent ainsi du travail obligatoire à la guerre obligatoire, comme celles qui sont astreintes au maniement des projecteurs de la *Flak* (DCA). On est loin du volontariat.

Le Japon est lui aussi en contradiction à propos de ses femmes. Longtemps la politique nataliste de Tojo, ajoutée au traditionalisme familial japonais, a freiné la mobilisation des femmes dans l'industrie. Mais le Japon lui aussi doit assumer la logique de guerre totale que, imitant le Reich, il a déclenchée. Alors qu'il faut sans cesse lever de nouvelles troupes pour la guerre du Pacifique, des dizaines de milliers de femmes de la campagne sont littéralement déportées vers les usines des centres urbains. Elles ont un jour de repos par mois et leur salaire est inférieur de moitié à celui des hommes.

78 000 Japonaises travaillent dans des mines de fond à partir de 1942, alors même que l'usage ancien de faire descendre des femmes dans les mines avait été progressivement aboli. Toutefois, le travail féminin hors du foyer soulève bien des réticences, même si dix-sept professions dites « de temps de paix » sont interdites aux hommes. Quand la propagande veut montrer que le temps n'est plus aux traditions et que ce sont désormais des femmes qui fabriquent le sabre des officiers et des sous-officiers, loin de convaincre l'opinion publique, la nouvelle paraît choquante et presque sacrilège. Beaucoup d'officiers japonais se considèrent, en dépit des massacres en Chine, comme de véritables samouraïs dans la pure tradition shintoïste. Or, selon cette même tradition, les femmes sont des êtres impurs qui ne doivent pas toucher à un objet aussi sacré que le sabre.

En fait, hors du foyer familial où elles font tout et depuis toujours, et hors des campagnes où elles accomplissent les plus durs travaux, les femmes japonaises sont peu présentes dans l'industrie de guerre. Ainsi, dans les chantiers navals, elles ne sont que 4 % en 1944, alors que les étudiants, voire des collégiens encore mineurs, sont 10 %.

Avec l'effondrement de l'économie du pays et le chômage provoqué par la fermeture de nombreuses usines, les femmes deviennent subitement encombrantes. Qu'à cela ne tienne. Le gouvernement de Vichy qui se met en place ne saurait s'embarrasser de scrupules vis-à-vis de femmes « indépendantes » qu'il considère, avec la république et la démocratie, comme responsables de la défaite. Avant même les mots d'ordre de la « Révolution nationale », que la femme rentre donc à la maison.

Dès le 7 juillet 1940, trois semaines seulement après l'armistice, le ministère du Travail recommande de licencier les femmes graduellement, à l'exception toutefois des veuves de guerre, des soutiens de famille et des employées des secteurs « traditionnellement féminins ».

La presse féminine s'insurge courageusement. Ainsi *Le Journal de la femme* du 16 août 1940 : « Il y a quelques semaines à peine, on ne savait que dire dans la presse pour vanter le travail féminin (...) Maintenant on s'apprête à licencier la plupart de celles qui travaillent à l'heure actuelle, et à empêcher que les plus jeunes puissent, à l'avenir, apporter la moindre gêne aux hommes sur le marché du travail. »

Mais ceci n'empêche pas le vote de la loi du 11 octobre 1940. Les femmes de plus de 50 ans sont mises à la retraite d'office. L'interdiction d'embauche des femmes mariées est promulguée et s'étend même aux « agents de sexe féminin vivant notoirement en concubinage ». Ceci ne va pas sans provoquer des protestations et même des manifestations, telles celles des ouvrières de Michelin, à Clermont-Ferrand. Pire, et tout à fait dans le style de ce que va être désormais le gouvernement de Vichy, un autre article de la loi permet d'exclure rétroactivement de la fonction publique les femmes mariées, même lorsqu'elles sont titulaires. En novembre 1940, 26 % des chômeurs en France sont des femmes.

Mais très vite, l'idéologie de Vichy assignant les femmes au foyer va se trouver contredite par les impératifs de la guerre, rejoignant en cela, comme sur beaucoup d'autres points, l'Allemagne hitlérienne.

D'abord la loi du 11 octobre 1940 a dû exempter de ses mesures d'exclusion les femmes dont les maris, à commencer par les prisonniers de guerre, ne pouvaient subvenir aux besoins du ménage, ainsi que les mères d'au moins trois enfants. Mais surtout, à cause du refus des autorités d'occupation d'autoriser les mouvements de personnel entre les deux zones, en raison également d'un début de réduction du chômage et du manque de qualification des personnels ayant remplacé les femmes, il faut commencer à réembaucher celles-ci dès le printemps 1941.

La guerre se prolongeant et les exigences allemandes en termes de livraisons et de main-d'œuvre se faisant de plus en plus pressantes, la loi du 11 octobre 1940 est finalement suspendue. Une circulaire du secrétariat d'État à la Production industrielle, en date du 24 mai 1942, stipule que « rien ne doit plus s'opposer au travail des femmes mariées, même de celles dont le mari peut subvenir aux besoins du ménage ». Bref, le contraire de la loi précédente. La même femme pouvait fort bien avoir été embauchée dans une usine de la drôle de guerre au début de 1940, licenciée en 1941 par Vichy et réembauchée en 1942, toujours par Vichy.

En outre, une nouvelle loi du 4 septembre 1942, relative « à l'utilisation et à l'orientation de la main-d'œuvre », se propose d'assigner à tous travaux jugés utiles dans l'intérêt du pays tous les hommes entre 18 et 50 ans mais aussi toutes les femmes célibataires âgées de 21 à 35 ans.

En réalité, l'intérêt du Reich régit tout cela et la loi en question a été votée pour satisfaire à l'exigence de Fritz Sauckel, que déjà on appelle «le négrier de l'Europe». La puissance occupante, à défaut de pouvoir faire travailler ses propres femmes dans les usines allemandes, recherche la main-d'œuvre étrangère non seulement masculine mais aussi féminine, réputée (à juste titre) plus adroite, plus travailleuse, plus docile aussi.

Laval a mis en œuvre cette politique que Pétain réprouve pour ce qui concerne les femmes. Quelques milliers de jeunes femmes volontaires sont parties travailler en Allemagne. Ce sont plus souvent des chômeuses que des idéologues acquises à la croisade antibolchevique. Et puis on leur a expliqué que c'était la «Relève», que, grâce à elles, des prisonniers français allaient être libérés. Comble de machiavélisme, la propagande de Vichy qui tente de séduire ces volontaires, hommes et femmes, a avancé comme argument que grâce aux hauts salaires payés en Allemagne, d'importantes économies pourraient être réalisées et envoyées à leurs familles restées en France et manquant de tout. On leur a promis aussi des conditions de vie idéales alors qu'elles vont connaître la vie de camp à la discipline stricte et les bombardements qui commencent à s'abattre sur le Reich.

Tout ce battage n'ayant donné finalement que de maigres résultats et Hitler menaçant la France de «polonisation», Laval fait promulguer, le 16 février 1943, le Service du travail obligatoire (STO) qui, tant pour la zone nord que pour la zone sud, mobilise tous les jeunes, par classe d'âge, pour une durée de deux ans. Répondant aux instances des associations chrétiennes, Pétain essaie d'empêcher l'extension du STO aux jeunes femmes, mais en vain. En dépit de l'immense impopularité du STO qui va jeter nombre de jeunes gens dans la Résistance, l'administration de Vichy obéit sur cela comme sur le reste. Au cours de l'été 1943, Sauckel réclame un million de travailleurs pour l'Allemagne en France et 500 000 autres en Allemagne : 300 000 hommes et 200 000 femmes, au rythme de 100 000 par mois. Le 1er février 1944, Sauckel fait promulguer une autre loi aux termes de laquelle les mesures du STO sont étendues à tous les hommes de 16 à 60 ans et à toutes les femmes de 18 à 45 ans.

Ce ne sont pas moins de 875 952 personnes requises pour le STO qui iront travailler en Allemagne. Sur ce nombre considérable, on ne compte que 44 835 Françaises (2 % seulement des travailleuses étrangères en Allemagne), la chasse aux nombreux réfractaires s'étant exercée en priorité sur les hommes. Nombre de femmes ont bénéficié aussi de la protection de leurs employeurs, à preuve de la satisfaction qu'elles donnent dans leur travail. Au fur et à mesure que se prolongeait l'Occupation, les femmes avaient en effet réinvesti de nombreux emplois, notamment en direction des services publics, certains traditionnels comme les PTT, d'autres moins comme la SNCF où 43 000 femmes travaillaient à la fin de 1943, avec une progression de 57 % en un an.

Ce retour en force des Françaises au travail touchait principalement les jeunes femmes peu soucieuses de se marier en ces temps troublés, et encore moins d'avoir des enfants. Espérons qu'entre deux métros, elles avaient souri en lisant ce tract du Commissariat général à la famille : « Une femme coquette sans enfants n'a pas sa place dans la cité, c'est une inutile. » Mais après tout, peut-être n'avaient-elles pas le temps d'être coquettes ?

Le cas de la Belgique est à la fois proche et différent de celui de la France. Après la défaite commune de 1940, celle-ci est occupée militairement par l'Allemagne nazie, avec un roi exilé volontaire dans son propre pays. La Belgique intéresse l'effort de guerre nazi tant pour son agriculture que pour ses mines et sa métallurgie. Mais la remise en marche du pays ne passe pas par les reniements et les contradictions d'un gouvernement de collaboration, contrairement à la France.

Dans ce contexte, les femmes belges se mettent ou plutôt se remettent au travail. Certaines sont attirées elles aussi par des promesses de primes et de bons salaires, d'autres gagnées par la propagande rexiste (favorable au Reich), d'autres enfin parce que leur mari est prisonnier de guerre (tous Wallons, après libération des Flamands) et qu'elles sont sans ressources. Elles travaillent volontairement pour l'effort de guerre nazi, tantôt sur place (30 000 en mars 1942), tantôt en Allemagne (11 000). Après l'instauration du STO le 6 mars 1942 pour la Belgique et le 6 octobre de la même année vers l'Allemagne, 900 000 femmes de 21 à 35 ans sont en principe concernées. De fait, 8 719 d'entre elles seulement iront en Allemagne d'octobre 1942 à mars 1943.

L'ordonnance du STO pour les femmes belges a en effet soulevé une immense vague de protestation, et une véritable résistance s'est organisée. Des tracts émanant notamment de la Jeunesse ouvrière chrétienne féminine (JOCF) ont appelé à la résistance en des termes non équivoques : « Jeunes filles, jeunes femmes (…) les Boches s'occupent maintenant de recruter de la main-d'œuvre féminine. » Ne vous rendez pas à la convocation, poursuit le tract « car pour être efficace et contrecarrer définitivement les projets nazis, la résistance des femmes belges doit être unanime (…) C'est la quantité des réfractaires qui fait la qualité de la résistance. »

Quant à celles qui n'ont pu échapper à la visite médicale, on leur conseille de boire beaucoup de café pour accélérer leur rythme cardiaque. On donne à d'autres de faux contrats de travail, voire de faux papiers d'identité. Enfin, les autorités belges, le cardinal Van Roey en tête, à force de protestations officielles auprès des Allemands, finissent par obtenir le relèvement de l'âge minimum à 25 ans puis la suppression du STO pour les femmes en Allemagne, sauf pour celles qui y sont employées comme servantes, en fait la majorité.

Il n'empêche qu'à la différence de la France, la Belgique tout entière a défendu ses femmes et ses jeunes filles, ne craignant pas de parler de déportation, loin des lâches encouragements de Vichy et du mythe d'un « Pétain, bouclier ».

Une Grande-Bretagne exemplaire

À la veille de la guerre en Grande-Bretagne, une majorité de femmes n'ont pas d'emploi. Là comme ailleurs en Europe, c'est le mari qui apporte l'argent à la maison (« *breadwinner* »). Mais la guerre va progressivement mobiliser 5,5 millions d'hommes. Pour combler une telle brèche dans l'appareil de production du pays, au moment même où celui-ci va devoir passer à l'économie de guerre, il faut faire appel aux femmes. Les premiers, les Britanniques ont compris quelle allait être l'importance de l'effort de guerre. Le 13 mai 1940, lorsque Winston Churchill promet à son peuple « du sang, du travail, des larmes et de la sueur », il n'en exclut pas les femmes.

Dès le mois de janvier 1940, une section des « Auxiliaires féminines des transports aériens » avait pris en charge un avion à sa sortie d'usine, non sans entraîner des réactions d'incompréhension, voire de protestation. Certes, ces neuf femmes totalisaient 7 500 heures de vol, mais n'allaient-elles pas confisquer l'emploi d'un homme ou empêcher l'embauche d'un chômeur ? Réaction de courte durée, car les semaines qui suivent sont consacrées à expliquer à l'opinion publique que la mobilisation du pays passe par les femmes.

Lors de la première année de guerre, le gouvernement préfère en appeler aux volontaires, craignant pour l'intégrité de la vie de famille. Mais, à la BBC, en mai 1941, Diana Thomas s'adresse ainsi à ses compatriotes femmes : «Aujourd'hui, nous faisons appel à toutes les femmes. Chaque femme dans le pays est appelée aujourd'hui à faire sa part au mieux. Il n'est plus question de se demander ce qui est le plus pratique dans chaque famille. Nous combattons pour nos vies, notre liberté et notre avenir. Nous y sommes toutes maintenant et ce que d'autres femmes font déjà, vous devez le faire (...) Toutes ces petites choses qui sont si importantes dans la vie d'une femme, nous les chérissons et nous nous y cramponnons, elles sont notre élément vital. Eh bien, maintenant, nous devons nous battre pour elles. Est-ce que cela en vaut la peine ? Ensemble, oui.»

Malgré cela, il n'y a pas assez de volontaires et, en avril 1941, le gouvernement britannique institue la conscription des femmes. La Grande-Bretagne sera le seul État en guerre à oser une telle mesure, réalisant ainsi ce que Speer, au même moment, ne peut imposer en Allemagne. La mesure touche d'abord les femmes célibataires entre 20 et 30 ans, mais la conscription s'étend rapidement à toutes les femmes entre 18 ans et demi et 45 ans et demi et à partir de 1943, jusqu'à 50 ans. Seules les mères d'enfants de moins de 14 ans sont, non pas exemptes d'office, mais autorisées à refuser un travail. Les femmes ont le choix entre la défense civile, l'auxiliariat aux armées et les emplois civils.

Dès la fin de 1942, 6 769 000 femmes britanniques sont au travail, le double des effectifs employés pendant la Grande Guerre. Les 15 000 à 20 000 femmes belges qui ont trouvé refuge en Angleterre au moment de l'exode de 1940 n'échappent pas à cette conscription générale.

Toutefois, les uniformes d'auxiliaires aux armées ont fait plus recette que les bleus de travail à l'usine. C'est pourquoi, à partir de 1943, on freine le recrutement aux armées pour privilégier les industries d'armement, où, nul ne l'ignore, le travail est très dur. Les usines d'avions ont la priorité. Au 30 juin 1943, avec un rythme spectaculaire de production de 26 000 avions par an, ces usines comptent 40 % de femmes. Célibataires et femmes mariées s'y côtoient, et même assez souvent des travailleuses de plus de 50 ans, voire de plus de 65 ans.

Le travail est pourtant dangereux car les usines d'armement sont souvent bombardées par la *Luftwaffe*, parfois plusieurs fois, comme l'usine de munitions Siemens à Woolwich dans la banlieue est de Londres qui est touchée vingt-sept fois et qui emploie principalement des femmes. À chaque alerte aérienne, les ouvrières se précipitent vers les abris mais elles n'en ont pas toujours le temps et doivent alors se contenter de se cacher sous leur établi. Travail également peu considéré, voire méprisé par les femmes des classes moyennes, qui préfèrent être employées de bureau ou vendeuses.

Theodora Benson, une Anglaise de la bonne société, observe non sans esprit de classe ces ouvrières de Woolwich dans une étude qu'elle fait paraître en 1942 (*Sweethearts and Wives. Their Part in the War*). « À l'arsenal, ce sont des femmes frustes, leur instruction laisse à désirer mais elles ont du cran. » Notre grande bourgeoise au pays des ouvrières s'étonne de la capacité qu'ont celles-ci à rester debout 12 heures par jour, six jours de suite. Elle admire leur « gaieté tenace » et réprouve leur « manque de propreté et d'hygiène ». Si Theodora Benson y avait regardé de plus près, elle aurait distingué aussi nombre de jeunes filles et de femmes mariées de la moyenne bourgeoisie, les premières parce que leur famille avait imposé ce choix comme moins mauvais que celui de s'engager dans l'armée, loin de la maison, les secondes pour ne pas trop délaisser leur mari en se contentant de postes sans qualification mais aux horaires plus flexibles. Margaret Kippin, employée dans une usine d'aviation, le confirme : « On m'avait proposé un emploi dans la salle de dessin mais j'étais mariée, et dans ce bureau il était impossible de prendre des journées libres lorsque votre mari avait une permission ; je dus donc aller à l'atelier des machines. C'était totalement ennuyeux : on avait des boîtes d'écrous et il fallait ajuster le micromètre sur le truc rond et faire passer l'écrou, un point c'est tout. »

Travail ingrat et pénible, comme à l'usine Doulton au bord de la Tamise qui fabrique des détonateurs de grenades. Ellen Russel se souvient, sur le travail des tours, des copeaux d'acier et de laiton brûlants qui lui sautaient au visage alors même qu'elle ne reçut des lunettes de sécurité que beaucoup plus tard.

Un journaliste visitant une mine de fabrication d'obus s'étonne de n'y voir pratiquement que des femmes : « Les femmes manipulaient des machines de toutes sortes, de la plus puissante à la plus délicate. Même les immenses grues roulantes se mouvant loin au-dessus des têtes étaient actionnées par des filles. »

Les affiches s'en mêlent avec cette ouvrière levant les bras vers un ciel rempli d'avions de la Victoire et clamant en direction de ses consœurs : « *Women of Britain, Come into the factories !* » Les magazines féminins aussi, telle cette couverture de *Woman* d'août 1941, où une jolie femme impeccablement maquillée, un tournevis au bout de ses longs doigts fins et manucurés (un magazine féminin reste un magazine féminin), a l'air de s'employer à réparer une machine.

Même si l'entrée des femmes à l'usine a parfois eu pour conséquence une amélioration des conditions de travail, ainsi que l'ouverture de crèches par les municipalités, les salaires féminins, à travail égal, n'en sont pas moins nettement inférieurs à ceux des hommes (parfois de 50 %). Mais le consensus social tient, grâce notamment à la personnalité du ministre du Travail et du Service national, ancien syndicaliste, Ernest Bevin. Dès le 9 mars 1941, à Newcastle, il a lancé un vibrant appel aux femmes en leur demandant de rejoindre les usines d'armement sans attendre les convocations officielles.

En septembre 1943, le même ministre se flatte, non sans raison, d'avoir mobilisé, plus que dans tout autre État en guerre, les hommes et les femmes de son pays. 500 000 femmes de plus de 50 ans travaillent dans l'industrie de guerre, ce qui fait dire aux détracteurs de Bevin qu'il emploie des grands-mères. Certes, Bevin ramène, à partir de l'été 1943, les horaires de travail à 50 heures pour les femmes (dans une lettre à sa famille, une ouvrière de Winchester s'est prise à rêver d'une semaine de 40 heures !) avec un jour de congé par semaine et une semaine de congés payés par an. Sa mesure n'empêche toutefois pas les grèves sauvages d'éclater (chez les hommes surtout) ni les femmes de s'éveiller à la conscience syndicale. Ainsi, après création d'un syndicat d'abord clandestin dans une usine de matériel électrique, les ouvrières obtiennent des améliorations « révolutionnaires » : de nouveaux wc, des lavabos, une salle de repos, un abri antiaérien, ainsi que l'amélioration du chauffage (auparavant, il leur fallait travailler en manteau l'hiver).

Hors des usines, les femmes britanniques sont 48 % dans l'administration civile, 62 % dans le commerce. 100 000 femmes sont employées dans les chemins de fer. D'autres encore sont aux champs dans une véritable organisation paramilitaire, mais sans grades, formée au cours de la Grande Guerre : le *Women's Land Army*. Kathleen Hale est l'une de ces « *Land Girls* ». Elle est étudiante en art quand la guerre éclate. Où s'engager ? Comme elle aime les chevaux, elle décide de rejoindre le *Women's Land Army* : « J'appris à labourer. On m'avait dit que si le sillon était bien droit derrière moi, c'était bon. Mais la charrue était un vieux modèle en bois, très lourd, que tout le monde à la ferme appelait “la tueuse”. Je sus très tôt pourquoi. Elle me renversait à chaque tournant mais j’étais terrifiée à l’idée que les autres travailleuses me voient.» Kathleen ajoute que «le *Land Army* fournissait un uniforme affreux: une sorte de salopette kaki et des jambières. Et nous avions un insigne et une espèce d’horrible chapeau informe en feutre.»

En décembre 1943, le *Land Army* ne compte pas moins de 80 300 membres. En dépit d’un salaire modeste, d’un travail ingrat et exténuant (et d’un uniforme laid), les *Land Girls* obtiennent tout au long de la guerre des résultats remarquables. De 1939 à 1945, l’importation de biens alimentaires en Grande-Bretagne, qui était de deux tiers, tombera à un tiers.

Toutefois, les hommes mobilisés dans l’armée ne voient pas toujours d’un bon œil leurs épouses ou leurs fiancées ainsi enrôlées pour le travail. Certains, dans leurs lettres, comparent même la conscription de leur chère et tendre à des méthodes nazies. Parfois ce sont aussi des maris à la maison, réquisitionnés sur place en raison le plus souvent de qualifications particulières, qui supportent mal de ne pas voir leur épouse quand ils rentrent et de se trouver confrontés à des tâches ménagères dont ils n’ont pas l’habitude. Parfois, la jalousie s’en mêle. Jalousie classique due à la crainte d’être trompé mais aussi jalousie plus pernicieuse due au sentiment que sa femme a tissé dans son nouveau travail, si harassant soit-il, des liens de camaraderie avec ses compagnes de labeur, et paradoxalement découvert une certaine liberté.

Les Canadiennes

Le Canada, entré dans la guerre avec la Grande-Bretagne et en même temps qu’elle, a utilisé lui aussi ses femmes mais sur la base du volontariat. Toutefois, il n’entend pas abandonner la Grande-Bretagne qui fait face en première ligne à l'agresseur nazi. Ce grand pays est par ailleurs appelé, avant même les États-Unis qui ne sont pas encore en guerre, à être «l'arsenal de la démocratie». Les contrats de guerre passent de 1,2 milliard de dollars en 1941 à 4,5 milliards en 1943, sur un budget national de 5,3 milliards. Trois domaines de cette industrie de guerre sont privilégiés : les moyens de transport, les armes légères et les munitions. Dans un véritable «take-off» industriel, l'ensemble de la production manufacturée passe de l'indice 48,7 en 1939 à 106,1 en 1944.

Pour un tel effort, femmes et jeunes filles sont indispensables, à l'égal des hommes, d'autant plus qu'une pénurie de main-d'œuvre se fait sentir à la fin de 1941. Dès le début de la guerre, un «Service sélectif» a institué l'enregistrement obligatoire des jeunes Canadiennes âgées de 20 à 24 ans. Elles sont 258 583, et beaucoup d'entre elles vont rejoindre les usines de munitions, les chantiers navals, les fonderies. Au début de 1944, 812 000 Canadiennes sont au travail, dont 261 000 dans les industries d'armement. 30 % d'entre elles constituent la main-d'œuvre de l'industrie aéronautique qui va produire plus de 16 000 avions. D'autres, par dizaines de milliers, travaillent dans des entreprises agricoles ou dans les «jardins de la Victoire», sorte d'équivalent du *Women's Land Army* britannique.

À leur arrivée dans les usines, les chefs d'entreprise ne croient guère à leur capacité d'assumer des tâches aussi lourdes et spécifiquement masculines. Les chefs de famille aussi se montrent réticents quand des filles parfois âgées seulement de 17 ou 18 ans prétendent aller s'engager ou s'embaucher. Mais rien n'y fait, et l'on en verra plus d'une tricher sur son âge au moment de l'embauche. Pour l'armée, c'est plus difficile et il n'est pas rare que la même jeune fille passe d'abord un ou deux ans en usine avant d'être en droit de s'engager dans l'armée.

Toutefois les employeurs sont vite rassurés quand ils constate que ces femmes, au-delà de leur motivation exemplaire, se montrent finalement plus constantes et plus minutieuses que les hommes, notamment dans les usines de munitions où il faut faire preuve d'une grande précision. Le travail en tout cas est dur pour ces jeunes Canadiennes qui, hier encore, étaient chez papa et maman. Dorothy Lutz est l'une d'elles. D'une famille très pauvre de Nouvelle-Écosse, elle a quitté l'école à 14 ans pour travailler. En 1943, séjournant à Halifax, elle est attirée par une affiche de recrutement dans les Services féminins de l'armée canadienne mais elle n'a que 16 ans. Elle réussit alors à se faire embaucher, après une formation de deux mois seulement, comme soudeuse aux chantiers navals de Halifax. Elle a dû au préalable signer un engagement à quitter son emploi lorsque les soldats reviendront du front. Le travail est très dur. La soudure à baguette, en dépit des protections, occasionne des brûlures surtout sur le visage que seules protègent de grosses lunettes. Il faut souder d'énormes plaques de métal qu'apporte une grue actionnée elle aussi par une femme.

Marcella Graff, de l'Ontario où ses parents sont agriculteurs, travaille pour sa part à la Sunshine Company qui fabrique des bombes fumigènes et des mines terrestres. 500 ouvrières sont employées là, avec un nombre égal d'ouvriers. Un jour, un journaliste a photographié Marcella pendant qu'elle s'affairait au four des douilles de bombes et que sa camarade travaillait à la soudure. La photo a fait la une du journal, ce qui a conduit les autorités officielles à lui demander de représenter les ouvrières au défilé du troisième emprunt de la Victoire. Le défilé, au son de la musique militaire, a dû donner des idées à Marcella, car aussitôt après elle s'engage comme auxiliaire dans la marine canadienne.

Olive Villeneuve, elle, habite chez ses parents au village

de La Plaine dans le Québec. Elle est l'aînée de huit enfants et a travaillé d'abord comme femme de ménage dans des familles. Au printemps 1941, à 19 ans, elle postule pour aller à l'usine. Son père s'y oppose, ainsi que le curé du village. « Il a répliqué que je ne pouvais pas faire ça, que je serais "perdue" si j'allais travailler là. Il avait peur que j'apprenne de mauvaises choses, que je me débauche et que ma réputation soit ruinée ! » Mais Olive, soutenue secrètement par sa mère, s'obstine et finit par triompher. « Une journée normale de 10 heures me rapportait 3 dollars, bien mieux que les maigres 5 dollars hebdomadaires que je gagnais comme bonne à tout faire ! » Olive œuvre trois ans dans un atelier de fabrication d'explosifs, un travail dangereux et de haute précision, avant de passer contremaîtresse. Là, elle s'éveille à la conscience syndicale, découvrant que certaines usines se mettent en grève pour de meilleurs salaires ou de meilleures conditions de travail. Malgré le recul du témoignage, elle n'oublie pas qu'en dépit de leur magnifique contribution à l'effort de guerre, les femmes continuaient à être victimes de leur sexe : « Les hommes gagnaient toujours plus que les femmes, même lorsqu'ils faisaient le même travail. C'était une réalité de l'existence qu'on acceptait à l'époque. Nous autres, les femmes, étions si reconnaissantes de pouvoir simplement gagner de l'argent que personne ne se plaignait. »

Rosie la riveteuse

Les Américains entrent les derniers dans la guerre mais quand ils y sont, ils y sont. Pearl Harbor a réveillé le géant qui va devoir se battre sur deux fronts à sa mesure. Mais mieux qu'aucun autre pays en guerre, cette superpuissance (42 % des biens d'équipement produits dans le monde en 1939) a compris qu'il lui faudra en premier gagner la bataille de la production. Dans son message au Congrès le 6 janvier 1942, le président Roosevelt lance le *Victory Program.* Il faut construire 60000 avions pour 1942, et 125000 pour 1943. Les chantiers navals devront mettre à flot 6 millions de tonnes en 1942 et 10 millions en 1943. L'État va intervenir, planifier, financer. Le «Docteur New Deal» des années trente va devenir le «Docteur gagne-la-guerre».

Devant un programme d'une telle ampleur, le problème de la main-d'œuvre se pose aussitôt. En 1940, la population active comptait 46,5 millions de personnes. En 1945, tout en réussissant à mettre sous les drapeaux 12 millions de soldats, les États-Unis compteront plus de 53 millions de travailleurs.

Les femmes ne sauraient être exclues d'une telle mobilisation. Elles étaient déjà 11,3 millions au travail en 1940. Elles seront près de 18 millions en 1944, dont 4 millions dans les usines de guerre, et constitueront alors le tiers de la population active du pays.

Pour parvenir à un tel résultat, la propagande, où rien n'est trop beau, où rien n'est trop, se met en marche. L'affiche, plus que le cinéma et avant la télévision encore dans l'enfance, joue alors un grand rôle. Des millions d'entre elles, éditées par le tout-puissant *Office of War Information* et signées des meilleurs artistes de l'époque, vont couvrir les murs des cités. «Plus il y aura de femmes au travail, plus vite nous gagnerons», proclame l'une d'elles au-dessus d'une jolie femme, salopette-uniforme de Boeing et turban sur la tête, en train d'assembler la tourelle de nez d'un B-17. Et l'affiche d'ajouter que «les femmes sont également demandées comme fermières, vendeuses, dactylos, serveuses, conductrices d'autobus...»

«Je suis fière», dit cette épouse, elle aussi en bleu de travail et turban, que son mari (en costume-cravate) tient par l'épaule sur fond de bannière étoilée. «Mon mari veut (ce mot est souligné) que je fasse ma part. » Une autre affiche, plus subtile (si l'on veut) montre des soldats de trois armes en train d'épingler au mur de leur chambrée la traditionnelle pin-up mais celle-ci est devenue une travailleuse d'usine.

Il y a aussi cette affiche, qui va devenir aussitôt célèbre, où une jeune femme brune, en retroussant sa manche sur un bras bien musclé, portant l'inévitable salopette bleue et turban, nous regarde droit dans les yeux et proclame : « *We can do it!* » Le poster est si célèbre qu'il va survivre après la guerre et se commercialiser sous toutes les formes jusqu'à nos jours.

Les dessins humoristiques ajoutent leur note, et parfois la réalité et la propagande se rejoignent, comme dans cette caricature où une ouvrière soude d'une main la coque d'un navire tandis qu'elle tient un bébé sur un autre bras et qu'un enfant en bas âge est dans ses jambes.

La propagande en la matière atteint son point d'orgue lorsque le célèbre peintre et affichiste Norman Rockwell fait la couverture du *Saturday Evening Post* du début mai 1943. Ce jour-là, l'Amérique fait connaissance avec « *Rosie the Riveter* », Rosie la riveteuse, assise avec ses lunettes de protection sur le front, son énorme pistolet à riveter sur les genoux, sur fond de bannière étoilée. Costaude, presque arrogante, mais tout de même plantureuse et féminine, elle devient aussitôt le symbole de la femme américaine dans l'effort de guerre. Rosie est le produit parfait de la conjugaison de la politique, de l'industrie et des médias. Comment envoyer les Américaines de la *middle class* à l'usine ? En frappant fort. Riveter et souder, c'est ce qu'il y a de plus dur, de plus inhabituel, voire de plus choquant chez une femme, même sur le front du travail. Loin de le cacher, il faut en faire un produit de publicité, une figure emblématique. Si la femme sait souder et riveter, elle sait tout faire. Loin des femmes mariées entre 30 et 45 ans principalement visées par l'offre d'emploi, l'artiste a choisi une jeune célibataire resplendissante de santé et visiblement indépendante, bref un fantasme, un imaginaire et non un miroir. Comme pour la jolie brune de « *We can do it!* », l'Américaine ciblée par cette publicité peut supposer que Rosie accomplit quelque dessein secret. La composante féminine, voire féministe, est forte, aux antipodes de la femme-mère au foyer telle que la célèbrent, vain toutefois, l'Allemagne nazie, l'Italie fasciste et la France de Vichy.

D'ailleurs, la propagande américaine ne parle pas aux femmes de salaires ni d'autres critères typiquement masculins lorsqu'il s'agit d'embauche. Elle choisit de suggérer la jeunesse, l'esprit d'aventure et l'émancipation. Elle réussit ce tour de force de faire de Rosie l'archétype de la « prolétaire » à l'américaine, ultime figure du New Deal et illustration achevée de l'adaptabilité américaine, mais aussi une combattante de l'intérieur (*home front fighter*) glamour – et glamour du point de vue des femmes.

Le personnage de la soudeuse fait florès dans tous les pays : aux États-Unis mais également en Grande-Bretagne, au Canada et même dans l'Allemagne nazie. Cette dernière toutefois, tout en succombant elle aussi à l'image propagandiste de la soudeuse à l'arc, manifeste inconsciemment sa réticence puisque la légende de la photo en couleurs qui paraît dans un numéro de *Signal* ajoute que cette Rosie allemande soude tout « en pensant à celui qu'elle aime ».

Bref, la propagande américaine, pour inciter ses femmes à aller travailler en usine (*labor force*), frappe très fort et très juste, que ce soit par l'affiche, la presse féminine, la radio, le cinéma, la littérature de guerre. La comparaison avec l'Allemagne nazie s'impose, laissant celle-ci loin derrière au niveau des résultats, en dépit de sa volonté de manipulation. Mais il serait injuste et insultant pour les Américaines de penser qu'elles sont manipulées, sans disposer un tant soit peu de leur libre arbitre. Certes elles sourient à une propagande qui sait flatter en elles patriotisme et désir d'émancipation, mais elles n'en sont pas moins capables de découvrir que, à la différence de l'Allemagne, les salaires féminins sont plus élevés dans l'industrie de guerre même si, dans les faits, ils ne vont pas jusqu'à la parité officielle avec ceux des hommes. Elles sont également capables de comprendre qu'avec l'argent gagné, elles vont pouvoir acheter des biens de consommation (dans le seul pays où on en trouve encore) mais aussi des «*war bonds*», emprunts d'État d'autant plus attrayants que, dès 1943, on est à l'évidence dans le camp des futurs vainqueurs et qu'on peut parier sur l'avenir.

Dans ce pays libéral où le soutien social était traditionnellement faible (au début de la guerre, il y a une crèche aux États-Unis, contre dix en Allemagne), le pragmatisme américain s'est mis en marche. Puisque les Américaines s'en vont au travail alors qu'elles sont mariées pour la moitié d'entre elles, il faut les aider. À la radio, le 30 septembre 1942, Eleanor Roosevelt, l'épouse du Président, lance un appel au pays, non pas politique et patriotique, mais pratique: favoriser pour les Américaines dans l'effort de guerre les déménagements, parfois à l'autre bout du pays, les transports, la préparation par les restaurants de repas à emporter, la formation professionnelle accélérée, le temps partiel et la prise en charge des enfants pour les femmes mariées. En un temps record, impensable en Europe, le Congrès va voter sur ce dernier point une loi accordant d'importants fonds fédéraux aux jardins d'enfants.

Bien d'autres facteurs jouent encore en faveur de cette formidable mobilisation féminine des États-Unis. Constatant rapidement que les femmes ont un rendement souvent supérieur à celui des hommes, qu'elles endommagent moins le matériel, qu'elles sont plus adroites et qu'elles ont moins d'accidents, et aussi qu'elles sont moins revendicatrices, les patrons américains n'hésitent pas à leur confier des responsabilités et augmentent du même coup leur motivation. Les femmes, comprenant que de telles possibilités auraient été impensables en temps de paix, s'engouffrent dans la brèche sociale ainsi ouverte.

Enfin, à la différence de la vieille Europe et pas seulement de l'Allemagne, prisonnière d'un clivage politique aux termes duquel les « bourgeoises » dérogent en allant travailler à l'usine, les Américaines n'éprouvent rien de tel, rejoignant en cela la propagande. Pour elles mais aussi pour l'Amérique tout entière, le travail en usine ou aux champs est, sinon « *a glamourous duty* » (il y aura tout de même une « miss travailleuse de guerre »), du moins « *a highly respectable duty* ».

L'URSS OU LE SILENCE DES FEMMES

C'est paradoxalement en URSS, là où les femmes ont apporté le concours le plus massif à l'effort de guerre, que les études et les témoignages sont les plus discrets. Le meilleur exemple en est la somme, très officielle mais très complète pour ce qui concerne les événements militaires, que constitue « l'histoire de la Grande Guerre patriotique ». Les femmes en sont quasiment absentes, et notamment les femmes au travail. Et pourtant…

Lorsque l'Allemagne de Hitler envahit l'URSS le 22 juin 1941, elle s'attaque non seulement à un pays immense mais aussi à un pays très peuplé : 170 millions d'habitants, c'est-à-dire plus du double de sa propre population. Cela signifie qu'en dépit d'une structure démographique encore majoritairement agricole (55 % de la population), l'URSS compte 30 millions de salariés, dont 16 millions d'ouvriers qualifiés.

La femme soviétique, selon les principes mêmes du marxisme-léninisme, est considérée comme une citoyenne à part entière. Elle a obtenu le droit de vote dès 1918. L'avortement est libre et gratuit. Le divorce, une formalité administrative mais aussi une réalité, avec 10 % des mariages ainsi rompus dès avant la guerre. L'éducation, jusqu'au degré universitaire, n'exclut en aucun cas les filles. Ce féminisme, pour nombre de dirigeants, est même allé trop loin et le « Code de la famille », institué en 1936, exaltant une « maternité socialiste », a aboli l'avortement libre et a compliqué les formalités du divorce.

Une mère peut et même doit être aussi une travailleuse. Les structures collectives (écoles, garderies) le permettent en partie. Une affiche de 1939 montre une ouvrière en bleu de travail, une énorme clé à molette à la main. L'arrière-plan est divisé en deux : d'un côté une usine de filature, de l'autre une crèche et une école où les enfants font de l'éducation physique. Sur l'affiche, on lit : « Le large développement des crèches, jardins d'enfants, cantines et blanchisseries assurera la participation de la femme à la construction socialiste ».

Certes, cette promotion des femmes dans le monde du travail n'est que relative. En dépit d'une égalité théorique et par définition « communiste », leurs salaires sont là aussi inférieurs à ceux des hommes. Et là aussi les emplois occupés sont presque toujours des postes subalternes. Il n'empêche que, la guerre venue, la femme soviétique est politiquement, socialement et psychologiquement plus apte que celle des autres pays en guerre à se mobiliser économiquement, voire militairement.

Dès le 30 juin 1941, huit jours après l'invasion de l'URSS, un comité d'État de la Défense est créé, qui prend aussitôt en main la conduite de l'économie de guerre et des dépenses militaires. Loin des clichés, soigneusement entretenus par la propagande nazie, d'un pays arriéré, 1 300 usines sont transférées, au prix d'incroyables prouesses, de l'ouest du pays vers l'est (Oural méridional et Kouzbass). Il en va de même pour les principales industries de Leningrad avant son encerclement. 25 millions de civils font partie de ce transfert gigantesque et vital pour la survie du pays. Quant aux dépenses militaires, l'aide que les alliés occidentaux vont apporter à l'URSS par les convois de matériel de guerre ne doit pas faire oublier que les dépenses militaires du pays vont croître de 10 milliards de dollars en 1940 à 27 milliards en 1944 (et 21 dès 1942), le plaçant ainsi au troisième rang des pays en guerre, derrière les États-Unis, en tête, avec 65 milliards, et l'Allemagne (40 milliards).

Or ce sont les femmes soviétiques, à la proportion de la mobilisation massive des hommes pour le front, qui accomplissent le plus grand bond, à la fois quantitatif et proportionnel, dans l'effort de guerre. Elles étaient 15 % dans l'industrie en 1939. Elles sont 52 % en 1942. Dans l'agriculture, aux mêmes dates, elles passent de 52 % à 71 %, avec 352 jours de travail par an en 1942, au lieu de 254 en 1940. Et les affiches de propagande ainsi que les actualités cinématographiques exaltant une kolkhozienne juchée sur un énorme tracteur ne font que traduire la réalité puisque le nombre de conductrices d'engins agricoles (fonction plutôt réservée aux hommes avant la guerre) est multiplié par trois entre 1941 et 1943.

Dans les usines comme dans les champs, c'est très dur, et d'autant plus éprouvant que la consommation, déjà chichement mesurée à la veille de la guerre, s'est effondrée de moitié, faisant de l'URSS le pays qui a subi le plus de privations dans le monde en guerre. Les témoignages de ces femmes sont peu nombreux. Voici pourtant celui de Maria Kojevnikova qui est chef d'équipe de dix ouvrières dans une usine de tournage en 1943. Déjà son équipe a mérité, par son rendement, le titre d'honneur d'« équipe d'aide au front », mais une autre chef d'équipe, Katia Barichnikova, a démontré qu'elle pouvait dépasser la norme de fabrication avec une équipe réduite. Maria s'aligne aussitôt : « Comment travaillait mon équipe ? Les filles travaillaient comme tourneuses, et moi, j'étais l'opératrice chef d'équipe. Autrement dit, j'allais d'une machine à l'autre pour régler les porte-outils afin que le travail tourne sans accroc. Je décidai d'organiser le travail de telle sorte que l'équipe pût se passer de l'opératrice, c'est-à-dire que chaque ouvrière devait régler son tour. Il faut dire que j'avais depuis longtemps appris aux filles à pouvoir se passer de moi. »

Même chose pour ces trois ouvrières qui écrivent à la *Pravda*, le 26 novembre 1943, qu'elles ont commencé à travailler à une pour deux machines au lieu de une par machine, réduisant ainsi leur équipe de moitié. Elles aussi ont droit au titre enviable d'« équipe d'aide au front », et quand l'une d'elles donne des signes d'épuisement, les autres lui demandent : « Et au front, est-ce que c'est plus facile ? »

Certes, en URSS, encore plus qu'ailleurs, il faut faire la part de la propagande, notamment lorsqu'il s'agit de lettres publiées par la *Pravda* en temps de guerre. Mais le moral de ces ouvrières et de ces kolkhoziennes est indiscutablement élevé. La « Grande Guerre patriotique » n'est pas une formule creuse. Tout un peuple, ses femmes y compris, s'est dressé avec succès contre l'envahisseur nazi.

Maintenir

Fonctions du temps de guerre

Hors de la production proprement dite, que ce soit celle des usines ou celle des champs, mille et une tâches sont accomplies, souvent bénévolement, par les femmes dans la guerre. Là encore, la Grande-Bretagne se montre exemplaire, n'entendant oublier personne dans sa levée en masse féminine. « Si tu ne peux pas aller à l'usine, aide la voisine qui le peut », proclame une affiche-photo où, sur fond d'usines et de femmes partant au travail au petit matin, une maman élégamment mise (une fois de plus c'est la *middle class*, voire la *upper middle* qui est visée) salue de la main ses deux enfants en bas âge qu'une voisine souriante, son propre enfant dans les jambes, accueille chaleureusement. Au bas de l'affiche, on peut lire : « La garde des enfants des travailleuses de guerre est un service national ».

Ce n'est là qu'une tâche parmi bien d'autres. Dès 1938, un *Women's Voluntary Service* (WVS) a été créé afin de prêter assistance aux populations en cas de bombardements aériens. En Grande-Bretagne, toute fonction mérite un uniforme. Pour les WVS, ce sera une chemise gris-vert, une veste-jaquette, des pantalons amples et un drôle de petit chapeau plat comme seuls les Anglais savent en créer. Elles sont 200 000 en 1942 à apporter des secours sous les bombes du *Blitz*. Le rapport laconique de l'une d'elles en dit long sur leur action : « Bombes tombées vers 13 heures. Chef d'équipe et messagère en fonction à 13 h 05. Accourues vers maisons bombardées de C. Road et V. Road. 13 enfants secourus, changés et enveloppés dans des draps, mis dans un camion de la RAF et envoyés à l'hôpital. »

En 1944, les WVS sont un million, toutes bénévoles, assurant les premiers secours, organisant les évacuations et accueillant les sans-abri, promenant leurs cantines mobiles dans les rues en ruine. Elles ont aussi créé un service messager d'urgence par bicyclettes qui fonctionne si bien qu'à Londres, on finit par leur donner des motos qu'elles enfourchent aussitôt. Elles ont organisé des crèches accueillant les enfants des travailleuses pour la modique somme de 5 pence. « Ne dis jamais non », proclame fièrement et justement leur devise.

Le *Blitz* de Londres a donné naissance à d'autres organisations où les femmes ont été présentes en grand nombre. Ce fut d'abord la création du « Service d'évacuation des enfants » (dépendant du WVS) où elles furent omniprésentes et toutes désignées pour cette tâche psychologiquement difficile surtout lorsqu'il s'agissait de séparer de leur mère des enfants en bas âge. Elles ont également intégré l'ARP (*Air Raid Protection*), la surveillance bénévole des incendies ou encore la Défense passive. Cette dernière les emploie comme standardistes, conductrices, messagères, cuisinières et serveuses des cantines, puis finalement les utilise au déblaiement et à la démolition des ruines dangereuses. Ceci ne s'accomplit pas sans une forte opposition des hommes, et notamment des pompiers, qu'une grande bourgeoise londonienne engagée dans l'ARP qualifie d'« affreux ramassis de brutes ». Mais, à partager les mêmes missions et les mêmes dangers, à porter le même uniforme et le même casque (le fameux « plat à barbe » britannique), hommes et femmes ne forment bientôt plus que de solides équipes. Sous les bombes, les femmes sont enfin à égalité avec les hommes.

Hors des bombardements, les femmes accomplissent bien d'autres tâches. Toujours à Londres et dans sa grande banlieue, elles ne sont pas moins de 8 000 à conduire ou à contrôler les bus, tramways et trolleys (sur les 19000 que compte la profession). Sous l'uniforme pantalon bleu et chemise gris pâle, elles gagnent 4 livres et 13 shillings par semaine, c'est-à-dire le salaire minimum.

Une volontaire féminine des Forces françaises libres, qui arrive à Londres au milieu de la guerre, raconte : « En descendant du train, je m'aperçus avec étonnement que le conducteur était une femme d'une trentaine d'années. Ce qui me frappa le plus en arrivant dans ce pays, victime de la guerre au même titre que la France et ravagé par les bombardements, c'est la place qu'y avaient prise les femmes ! Tous les hommes en âge et en état de porter les armes étaient dans les camps d'entraînement ou bien déjà sur le front en train de combattre l'ennemi. Elles se sont retrouvées seules et les ont remplacés dans tous les secteurs d'activité. (…) Les Anglaises ont exercé tous les métiers. On a vu des femmes maçons qui rebâtissaient les maisons détruites et d'autres qui allaient à la pêche en mer. Des femmes médecins, chirurgiens, des femmes éboueurs, laitières, des femmes qui enterraient les morts. La propre fille de Churchill était sur les toits, servante à la mitrailleuse dans la défense anti-aérienne. Nous étions épatées de voir tout ce qu'elles étaient capables de faire. Et toutes défilaient chaque semaine, le dimanche matin après la messe, chacune arborant fièrement sa tenue de travail. C'était unique et très émouvant. J'ai vraiment admiré ces femmes courageuses. »

À Londres mais aussi dans toute la Grande-Bretagne assiégée mais déterminée à lutter, les femmes sont cuisinières ou manutentionnaires dans les dépôts ; elles réparent les voitures des services publics et nettoient les wagons de chemin de fer la nuit ; elles sont balayeuses ou porteuses dans les gares ; elles distribuent le courrier ; elles récupèrent les vieux papiers et les vieux vêtements ; elles s'offrent pour faire des conserves et des confitures (4 500 tonnes) qui sont ensuite redistribuées par les organismes de secours. Elles cultivent des légumes dans les jardins publics tout en surveillant d'un œil leurs bébés dans des landaus. En Angleterre et dans le pays de Galles, 5 000 femmes ont une fonction dans les services de la police régulière et auxiliaire.

Un dessin humoristique du *Daily Herald* témoigne de cette ubiquité : une ménagère d'une quarantaine d'années veut s'engager dans un mystérieux « Service national ». Une jeune pimbêche chargée de l'interroger récapitule d'un air blasé : « Bon, tout ce que vous faites pour le moment c'est le travail de la maison, la cuisine pour votre famille et les réfugiés, un horaire à la cantine et le service volontaire de surveillance des incendies ? »

Toutes ces nouvelles fonctions n'empêchent évidemment pas les femmes de Grande-Bretagne d'assumer avec ardeur les métiers traditionnellement féminins tels que secrétaires, dactylos, vendeuses, institutrices, infirmières – et ce, avec les lourds horaires et les petits salaires de la guerre. Il se trouve néanmoins quelques-unes parmi elles pour ternir un tableau aussi édifiant. Ainsi, une commerçante de Londres qui a vendu des œufs au-dessus du prix tarifé se voit infliger une très lourde amende. Le journal *News Chronicle* en parle du fait que ce n'est pas fréquent. D'ailleurs le marché noir en Grande-Bretagne, au contraire de sa voisine d'outre-Manche, est pratiquement inconnu.

Une responsable du recrutement au ministère de la Main-d'œuvre écrira à propos de celles qui travaillèrent directement à la production comme de celles qui assurèrent, aux moments les plus durs, le maintien du quotidien : « Je vis beaucoup de femmes s'épanouir lorsqu'elles se rendirent compte qu'elles pouvaient faire tout ce dont on les avait déclarées incapables, et elles appréciaient de pouvoir apprendre à se servir de leurs mains. Les femmes plus âgées, elles, découvraient qu'elles étaient nécessaires. Nous étions toutes nécessaires, on avait besoin de nous et le pays ne pouvait pas s'en sortir sans nous. Pour ma part, ma confiance en moi augmentait à mesure que j'abordais des activités qui m'étaient totalement nouvelles. »

Les femmes britanniques sont omniprésentes mais elles se heurtent souvent à la réticence voire à l'hostilité des hommes, ceux du moins qui ne sont pas au front. Elizabeth Watson en fait l'expérience en apprenant à conduire un camion dans Londres avant d'intégrer le *London Auxiliary Ambulance Service*. Elle possède une voiture et peut même se vanter d'avoir conduit plusieurs années dans Paris, mais elle n'en doit pas moins subir un examen de passage auprès d'un chauffeur de taxi londonien de la pire espèce. C'est à peine si les pieds d'Elizabeth peuvent atteindre les pédales, alors que son examinateur l'invective parce qu'elle ne roule pas assez vite. Et celui-ci de conclure, au comble de la mauvaise foi : « C'est ça le problème avec vous les femmes. Vous ne conduirez jamais bien. Vous êtes trop timides. »

Aucun autre pays n'a connu une telle mobilisation des femmes à chaque instant de la vie quotidienne, sauf peut-être l'URSS, enthousiasme et propagande en moins. Dans l'URSS en guerre, la mobilisation des femmes allait de soi depuis la révolution de 1917. Et dans un pays envahi, victime de massacres en masse des troupes nazies, le patriotisme de tous et de toutes allait également de soi. Pour les femmes de Grande-Bretagne, la révolution de 1917, ce furent les années du *Blitz*.

Sans atteindre une telle ampleur, une telle révolution dans les mœurs et les habitudes, l'irruption des femmes dans la Défense passive ou encore dans des fonctions jusqu'alors assurées par des hommes est générale dans le monde en guerre. Le Canada notamment s'avise qu'avant même de comptabiliser ses femmes au travail, il doit compter avec et sur 2 285 370 femmes au foyer qui pèsent, en temps de paix, sur 85 % des achats de biens de consommation. Or l'économie de guerre a provoqué leur raréfaction et un début d'inflation galopante. Toute une campagne gouvernementale se déploie alors pour inciter les « ménagères » à acheter moins, à se rationner, à conserver, à récupérer. La moindre vieille poêle en aluminium abandonnée au grenier devra être délogée pour servir à la construction du fuselage des avions. En 1942, la destruction de tout objet contenant du caoutchouc sera interdite et des chaînes de ramassage de vieux pneus, de bonnets de bain, de jouets seront assurées vers les dépôts par des femmes et souvent aussi des enfants. Quant à l'épargne, à l'image des « *war bonds* » de son voisin américain, le Canada la dirigera à grand renfort de propagande vers l'achat de « bons de la Victoire », au taux d'intérêt de 3 %, qui connaîtront un immense succès, d'abord patriotique.

À la différence de la Grande-Bretagne, les mille fonctions du quotidien dont il faut débarrasser les hommes afin de les « libérer » pour le front, passent souvent par un emploi dans l'armée. Edna Dunlop, qui a neuf frères et sœurs qui vivent dans une ferme de l'Ontario, a voulu s'enrôler dans l'armée mais trois de ses frères étant déjà sous les drapeaux, sa mère s'y est opposée. Elle est d'abord allée travailler dans une usine de munitions où les conditions de travail étaient si pénibles et si dangereuses qu'elle a démissionné au bout de trois mois pour prendre finalement un poste de cuisinière sur une base d'aviation militaire du Nouveau-Brunswick. Un poste qu'Edna trouve plus sympathique en dépit d'un horaire de 12 heures de travail quotidien : « J'y travaillais en compagnie de six autres personnes, préparant la nourriture pour 2000 hommes. Essayez d'imaginer ce que ça représente de faire cuire des steaks pour autant de gens ! » Quand Edna se mariera, comme beaucoup d'autres jeunes femmes au lendemain de la guerre, elle découvrira qu'elle ne sait plus préparer des repas uniquement pour deux personnes.

Il en va de même pour les emplois d'infirmières qui, même hors du front, sont surtout affectés aux hôpitaux militaires. Jean Nixon, de Toronto, secouriste avant la guerre, s'engage dans un hôpital militaire de l'Aviation royale canadienne » (ARC). Avec quatorze compagnes, elle y assure le service de nuit des salles de médecine et de chirurgie. Alena Langlois, de son côté, confirme que toutes celles qui, comme elle, préparaient au moment de la déclaration de guerre un diplôme d'infirmière, ne songeaient qu'à être embauchées. Elle intègre pour sa part le Corps de santé royal canadien en tant qu'infirmière militaire dans divers hôpitaux canadiens mais elle voudrait bien être affectée « outre-mer », c'est-à-dire dans les zones de combat.

Harriet Sloan est étudiante infirmière à l'hôpital général de Vancouver lorsque la guerre éclate. Elle rejoint le Corps de santé royal canadien comme infirmière civile avant d'être transformée du jour au lendemain en infirmière militaire. « On m'a rapidement remis un uniforme militaire complet, dont je ne connaissais absolument pas l'agencement au départ ! Une collègue amicale m'est venue en aide. Le col blanc rigide tenait à l'encolure de la magnifique tunique bleue grâce à une grosse épingle de sûreté et il était arrimé par un lacet passant à ses extrémités et retenu par une deuxième épingle de sûreté dans mon soutien-gorge. J'ai appris comment empeser et plier le voile d'organdi blanc qui remplaçait ma coiffe d'infirmière ; c'était un couvre-chef très seyant et très féminin. » Harriet ne tardera pas à rejoindre une zone de combat.

En Allemagne et au Japon, la mobilisation des femmes est, comme pour la production de guerre, infiniment moins importante. Ceci n'empêche pas la propagande japonaise de mettre en avant, au début de la guerre, les jeunes femmes qui s'entraînent aux exercices de la Défense passive, ni la propagande allemande de multiplier les reportages sur ses courageuses postières, si fières avec leur beau brassard et leur magnifique képi. En Allemagne aussi, le NSKK (sorte d'Automobile Club du parti nazi) s'évertue à apprendre aux femmes à dépanner des véhicules, changer un pneu. Mais la plupart de ces «volontaires» sont jeunes, souvent embrigadées déjà dans le RAD. On est bien loin de la levée en masse des femmes anglo-saxonnes.

Nouveaux métiers

À côté des mille et une fonctions ponctuelles du temps de guerre, de nouveaux métiers naissent ou se développent qui sont appelés à perdurer une fois la guerre finie. Le métier d'assistante sociale est un de ceux-là, qui existait dans la plupart des pays bien avant la guerre mais qui va prendre une ampleur nouvelle à la faveur de celle-ci.

L'exemple de la France est intéressant car les assistantes sociales ont été elles aussi prises dans le dilemme de Vichy. Elles sont environ 9 000 au début de la guerre à exercer leur fonction dans le cadre du Service social mais elles passent bientôt sous l'autorité du Secours national institué par Vichy. Le travail, officiel et bien réel, s'effectue dans des centres sociaux ou des centres ménagers. Les femmes, jeunes et moins jeunes, viennent y apprendre la couture, la coupe, la cuisine du temps de guerre. Typiques de «l'esprit de Vichy», ce sont aussi les «goûters» des femmes enceintes et des nourrices qui assurent en fait le complément d'alimentation indispensable. Il y a aussi la visite des prisons, souvent en liaison avec la Croix-Rouge. Ces visites réservent parfois des surprises.

À la prison des femmes de la Santé, la surveillante en chef allemande accueille le groupe d'assistantes sociales et surtout leurs colis à bras ouverts. « Elle m'énuméra une longue liste d'objets de première nécessité que je devais apporter (savon, serviettes, vêtements) et elle m'intima l'ordre de revenir tous les mardis et les vendredis (...) Je fus étonnée des facilités que cette femme devait m'accorder ensuite : non seulement je pouvais exposer dans le hall les envois de la Croix-Rouge, et les distribuer aux prisonnières défilant devant moi, mais encore j'étais autorisée à aller voir dans leur cellule, presque sans accompagnement, les détenues isolées, et même parfois celles qui étaient mises au secret. Je recevais communication de noms, voire de listes ; j'étais envoyée au domicile de certaines pour y chercher des vêtements. »

Mais les assistantes sociales de la France de Vichy n'entendent pas, pour la plupart, se cantonner à leur travail officiel et se lancent dans de nombreuses aides clandestines plus ou moins liées à la Résistance. Il s'agit notamment d'apporter une aide matérielle et morale aux familles victimes de la répression nazie en même temps que l'aide, avouée celle-là, aux familles des prisonniers de guerre. Cette assistance sociale clandestine se structure et s'organise à partir de 1943 avec la création de l'Assistance française, non moins clandestine.

Bien d'autres métiers, pour n'être pas nouveaux, comptent dorénavant une majorité de femmes. Dans presque tous les pays en guerre, ceux de l'enseignement, d'abord dans les petites classes, consacrent l'arrivée en force des femmes. En Grande-Bretagne, des institutrices retraitées ou ayant quitté leur métier après s'être mariées, reprennent du service. De très jeunes filles profitent de l'expérience de leurs aînées et apprennent le métier sur le tas. Nombre de bâtiments scolaires sont détruits. Qu'à cela ne tienne. Des classes s'organisent dans les jardins publics et jusque dans les bois.

D'autres métiers sont carrément nouveaux, tel celui de correspondant de guerre. Des femmes, presque toujours des Américaines mais aussi des Soviétiques, se lancent à l'assaut de cette nouvelle citadelle où, *a priori*, il ne peut y avoir que des hommes puisqu'il s'agit cette fois d'être au front, loin de toute présence féminine. Il y en aura très peu, mais il y en aura quand même. Ainsi « Jimmie » Broughton, de Newark dans l'Ohio, embarquée pour la grande aventure du D-Day, se voit chargée de rédiger un article de fond sur les filles de la Croix-Rouge américaine qui vont arriver en première ligne en France.

Iris Carpenter, journaliste britannique qui a d'abord travaillé pour le *Daily Express* puis le *Daily Herald*, écrit de nombreux articles sur le *Blitz*, quand les autorités britanniques lui refusent d'être envoyée en France comme correspondante de guerre. Elle part alors aux États-Unis où elle se fait embaucher par le *Boston Globe*. Là, à force de persévérance et d'obstination, elle parvient à se faire accréditer auprès de la 1re armée et débarque en Normandie quatre jours seulement après le D-Day. Interdite toutefois d'aller en première ligne, Iris arrive néanmoins à se glisser dans Cherbourg où la garnison allemande vient juste d'opérer sa reddition. La première, elle rédige un article pour son journal sur la véritable cité souterraine sous l'arsenal que les Allemands avaient construite, avec d'immenses réserves de vin, de champagne, de cognac, de cigarettes, de savons et de parfums – tout ce que la population française de la ville avait oublié depuis longtemps, commente-t-elle. Notre intrépide journaliste aura d'ailleurs des ennuis avec l'état-major de la 1re armée. Ce qui ne l'empêchera pas de suivre quand même celle-ci en première ligne, jusqu'en Allemagne, rédigeant des articles remarqués sur la traversée du Rhin, sur la libération des camps de Buchenwald et de Dachau ou encore sur la jonction historique des troupes américaines et soviétiques à Torgau.

Il y a aussi d'anciens métiers qui deviennent nouveaux par leur façon même d'être exercés. Quoi de plus ancien que le métier d'artiste de guerre ? Il y en avait beaucoup encore pendant la Grande Guerre et le genre ne s'éteint pas avec la Seconde Guerre mondiale. Rien qu'au Canada (5 000 œuvres réalisées), une demi-douzaine de femmes figurent au nombre de ces artistes mais une seule, Molly Lamb, aura droit au titre officiel d'artiste de guerre. Elle n'a que 20 ans lorsqu'elle s'engage à Vancouver en 1942 dans le Service féminin de l'armée canadienne. Elle peint déjà et elle va continuer, découvrant dans la vie de caserne un sujet tout trouvé mais révolutionnaire : les femmes dans l'armée canadienne, ses compagnes. « J'avais beaucoup de temps pour moi ! Trop ! Je m'ennuyais parfois. Alors je dessinais, je peignais. » Cette œuvre originale, éloignée des scènes classiques et académiques de combats, de navires de guerre en ordre de bataille, est remarquée par le commandement et appréciée, au point que Molly devient officiellement artiste de guerre et officier par la même occasion. En juin 1945, elle part enfin pour l'Europe qu'elle parcourt et saisit, sombre et dévastée, sur ses carnets de croquis. Peintre de la guerre, Molly n'aura finalement connu que l'avant et l'après des combats mais c'est encore la guerre, et son œuvre est d'autant plus irremplaçable qu'elle réside dans ce double décalage. Sa peinture des femmes sous l'uniforme est une véritable méditation, une vérité sur celles-ci qu'aucun film documentaire, aucune photographie ne saurait approcher.

Parmi les plus anciens métiers, « le plus vieux métier du monde », celui de prostituée, a repris du lustre pendant la Seconde Guerre mondiale, face à la « demande » des armées. Or, lesdites armées ont sur cette question des attitudes très différentes. Il suffit pour cela de comparer l'armée allemande à l'armée américaine.

L'armée allemande a sur la prostitution comme sur le reste des idées très réglementaristes. Le Reichsführer-SS Himmler résume, pour ne pas dire qu'il l'énonce le premier, la doctrine du Reich sur ce sujet qui ne saurait être éludé par une nation qui, pour le moins que l'on puisse dire, s'interdit la pusillanimité. Il est pour la multiplication de bordels policièrement et médicalement contrôlés, c'est-à-dire, pour le Reichsführer, « décents » (*anständing*), « afin de fournir à nos hommes des conditions dignes pour leurs rapports sexuels ». Il en veut aussi d'autres pour les travailleurs immigrés de force en Allemagne : « Si je n'ouvre pas ces bordels, explique-t-il au ministre de l'Agriculture qui rechigne à accorder des rations de travailleurs de force à ces prostituées, des milliers de travailleurs étrangers se jetteront sur les femmes et les jeunes filles allemandes. » Himmler n'approuve pas les pulsions sexuelles de ses hommes, il les satisfait pour une meilleure sécurité et aussi pour un meilleur rendement. Dans la même logique, il institue au cours de l'été 1943 des bordels dans les camps de concentration (*Sonderbau*, « bâtiment spécial »). Les « clients » seront les gardiens SS et les concentrationnaires « méritants » qui participent d'une façon ou d'une autre à l'administration du camp.

Himmler est très contrarié quand il apprend, à la fin de 1942, que les unités allemandes transférées du front russe en

France comptent 7000 cas de maladies vénériennes. C'est pour lui la parfaite illustration du danger d'une prostitution clandestine, loin des bordels contrôlés par la *Wehrmacht*, avec des filles soumises à la visite médicale mensuelle et des soldats examinés au bon endroit par un infirmier militaire officiant au bas de l'escalier. Il faut, prescrit le Reichsführer à son adjoint, le général SS Carl Oberg, installer en France des bordels contrôlés et étendre ce contrôle aux prostituées fichées. Mais il convient d'éviter cette dernière expression pour ne pas être blessant, ajoute Himmler qui prétend se montrer délicat en de semblables occasions.

La France est en effet l'épicentre de la prostitution pour la *Werhrmacht*, et ce, depuis le début de l'Occupation. Dès juin 1940, 40 bordels ont été réquisitionnés pour l'armée allemande rien qu'à Paris. Les plus chics et célèbres tels le Chabanais ou le One Two Two sont réservés aux officiers. 1 800 prostituées travaillent en maison, parfois avec des cadences infernales atteignant jusqu'à 40 clients par jour. 2 800 sont « en carte » (celles que vise « diplomatiquement » Himmler). Quant aux « clandestines », il est impossible de les dénombrer et les autorités françaises s'y sont employées autrefois en vain, avant que ce problème ne devienne celui de l'occupant. Ces dernières, qui échappent à toute surveillance, sont évidemment les agents principaux de la propagation des maladies vénériennes. Les autorités allemandes pensent avoir trouvé la solution, en province notamment, en créant à côté des bordels déjà réquisitionnés des bordels militaires contrôlés fonctionnant avec les clandestines raflées.

Combien y a-t-il de prostituées non répertoriées ? Des milliers à coup sûr. Peut-être 10 000. Le seul fait que les autorités d'occupation internent les prostituées dites « réfractaires » (celles qui refusent le bordel et la « mise en carte ») en dit long sur l'ampleur du phénomène. Un camp spécial est installé à

Jargeau dans le Loiret, qui enferme en moyenne 300 prostituées ou étiquetées comme telles. Mais où s'arrête la frontière, fort mouvante, qui sépare la prostituée clandestine de la fille facile qui « couche avec les Boches » ? À la Libération, les comités d'épuration auront là un « beau » sujet de débat, en fait de non-débat, pardonnant à la prostitution professionnelle mais pas à la « collaboration horizontale ».

Vichy s'accommode beaucoup plus mal que la soldatesque allemande, Himmler en tête, de la multiplication des prostituées en France. Ceci n'empêche pas la France du Maréchal d'imposer sur le revenu les bordels, mais en les classant pudiquement comme « établissements de spectacle de troisième catégorie ».

Le discours des autorités d'occupation est tout aussi ambigu. D'un côté, il répond à la demande de ses troupes, mais de l'autre, à travers ses essais continuels de réglementation des bordels en France, une image très négative non seulement de la prostituée mais aussi de la Française transparaît. La France, pays de la frivolité et des excès sexuels, est considérée comme « le centre du trafic international des filles », un « antre de prostitution » dont les proxénètes ont été longtemps des Juifs. Les femmes françaises, et pas seulement les prostituées, sont une menace pour la femme allemande. Un bon soldat allemand, même s'il va au bordel de temps en temps (par nécessité physiologique), se doit d'éviter tout contact avec une Française, surtout dans les bars, les cinémas ou les restaurants. Ceci est d'ailleurs une façon consciente ou non (plutôt non) de « couper l'herbe sous le pied » aux prostituées clandestines.

Curieusement, cette mauvaise réputation de la femme française se retrouve chez les soldats américains qui débarquent en France, mais cette fois avec une note plus égrillarde, moins diabolique. De toute façon, la question du rapport entre l'armée américaine et les prostituées françaises ou autres ne se pose pas du tout dans les mêmes termes qu'avec l'armée allemande. En fait, elle ne se pose pas. Certes le commandement américain distribue à ses Gi's des préservatifs en même temps que des cigarettes et du chewing-gum, mais il n'organise ni ne contrôle en aucune façon des bordels et encore moins des bordels militaires. C'est à peine si Patton les facilitera en Sicile et en Italie et si, de-ci de-là, un commandant d'unité tolérera le fonctionnement d'un baraquement comme bordel clandestin. Autant dire que, même dans ce cas, les prostituées clandestines sont les reines, avec leur valeur ajoutée de maladies vénériennes.

Ce problème apparaît déjà en Grande-Bretagne et surtout à Londres, dans les dix-huit mois qui précèdent le débarquement en Normandie. Hors de tout contrôle sanitaire, les prostituées se concentrent à Piccadilly. On les surnomme «les combattantes de Piccadilly». La consommation s'effectue debout et habillé: «*Hey Yank, quick, Marble Arch style!*» La Chambre des communes s'en émeut… du fait de la gêne apportée à la circulation des piétons dans ce quartier plus animé que jamais de la capitale. Mais rien n'y fait, et les maladies vénériennes sont en proportion six fois plus élevées chez les Gi's que chez les Tommies ou les Canadiens.

Cette attitude hypocrite favorise tous les excès, les malentendus, les viols, l'exploitation de la misère où un soldat peut coucher avec une fille qui n'est même pas une prostituée clandestine mais occasionnelle, en échange d'une boîte de rations et de deux paquets de cigarettes. Ce sera vrai surtout et paradoxalement dans cette Allemagne où les nazis avaient prétendu sanctuariser leurs femmes, au point de ne même pas vouloir les mettre au travail. Or le Reich défunt, au milieu des ruines et d'une atmosphère de fin du monde, aura battu tous les records de prostituées occasionnelles. Et peut-on encore parler de prostituées, même tempérées du terme d'occasionnelles ? Dans l'Allemagne mais aussi dans l'Autriche de 1945 et des années suivantes, on surnommait ces généralement très jeunes filles des «*chocolate girls*». *Le Courrier de Vienne* du 18 mai 1946 eut le courage et le mérite de publier un article intitulé «Cher ennemi» : «À côté de toutes les jeunes filles qui assiègent ta jeep, il en est chaque fois, une au moins, qui passe tout droit son chemin (...) Elles te disent ici, ces rares passantes : prends leurs sombres visages détournés de toi pour ce qu'ils sont réellement, un appel à ton respect et à ta compréhension... Et elles t'en prient, pardonne aux autres... Il y a si longtemps qu'elles n'ont pas mangé de chocolat.»

Soutenir

Propagande

L'immense effort de guerre consenti par les pays belligérants ne saurait atteindre son meilleur résultat sans une intense propagande, une véritable guerre psychologique mobilisant sans répit les forces vives de chaque nation. Cette «propagande totale» dans cette guerre totale vise aussi les femmes, à commencer par celles qui, à la maison, écoutent à longueur de journée leur «TSF» (en France, on dit «Tessef»). Ce moyen de communication est, et de loin, le plus important, le plus populaire et par conséquent celui qui reçoit tous les soins des responsables politiques. Comparés à ce média omniprésent, les autres instruments de propagande font pâle figure, que ce soit les journaux ou les actualités au cinéma.

Mais c'est décidément la radio qui remporte la palme. Elle est le vecteur de tous les grands discours, à commencer par ceux de Hitler ou de Goebbels. La France libre, c'est d'abord la voix de Londres, à la BBC. En URSS, le nombre de postes récepteurs étant insuffisant et beaucoup de stations émettrices ayant été détruites par l'envahisseur nazi, les émissions sont retransmises par haut-parleurs dans tous les lieux publics et même dans les habitats collectifs. 5,5 millions fonctionnent ainsi en 1941. Les femmes y jouent leur rôle, comme lorsque la poétesse, mondialement célèbre, Anna Akhmatova, bien que n'étant pas membre du parti communiste, lance à la radio un appel flamboyant à la résistance des femmes soviétiques pendant le terrible siège de Leningrad où elle-même résiste : « Mes chères concitoyennes, mères, femmes et sœurs (...) Je ne vis maintenant que par la foi inébranlable que Leningrad ne sera jamais fasciste. Cette foi grandit en moi quand je vois les femmes de Leningrad défendre leur ville avec simplicité et courage (...) Nos descendants reconnaîtront le mérite de chaque mère du temps de la Grance Guerre patriotique ; ils admireront surtout les femmes qui, pendant les bombardements, restent sur le toit, pinces et pelles à la main pour lutter contre le feu dévastateur, les infirmières qui portent secours aux blessés au milieu des restes des bâtiments qui brûlent encore. Non, la ville qui a élevé de telles femmes ne peut être vaincue. »

Au début de la guerre, une journaliste française se rend célèbre avec la spécialité qu'elle vient d'inventer : l'éditorial prophétique. Elle s'appelle Geneviève Tabouis. Elle n'est pas encore l'extraordinaire voix de radio qui retentira, dans les années cinquante, sur Radio-Luxembourg dans la chronique

«Les dernières nouvelles de demain», mais on croit déjà l'entendre, pendant la drôle de guerre, alors qu'elle n'est encore que l'éditorialiste de la rubrique étrangère du journal *L'Œuvre*. Toujours parfaitement informée, mondaine et respectée des hommes pour son amour du travail bien fait, Geneviève Tabouis est une farouche antinazie. Loin d'être une inconnue, elle est même citée par Hitler, dans un de ses discours précédant les accords de Munich: «Je ne sais pas encore ce que je ferai demain mais Madame Tabouis le sait pour moi. (Rires).» Fuyant l'invasion nazie, la journaliste s'exile d'abord à Londres, puis à New York où elle devient l'amie et la confidente de l'épouse du président Roosevelt.

On entend les reines et les premières dames à la radio, et on les voit également sur tous les fronts de la croisade contre les forces de l'Axe. La reine d'Angleterre fait le tour des popotes et goûte courageusement, en compagnie de George VI, le thé offert par les cantines des WVS. La reine Wilhelmine des Pays-Bas, réfugiée en Angleterre dès mai 1940 avec sa fille la princesse Juliana, a lancé à la radio plusieurs appels à ses concitoyens en faveur de la Résistance. Dès lors, cette reine largement sexagénaire, aux allures pataudes et mal accoutrée, au point que les Britanniques eux-mêmes s'en sont aperçus, soutient inlassablement les Alliés. Churchill, pourtant peu prodigue de compliments, dira de la reine Wilhelmine avec son humour habituel qu'elle fut «l'homme d'État le plus courageux de tous les rois en exil».

Les princesses des pays en guerre donnent l'exemple en s'engageant dans l'effort de guerre. La princesse Élisabeth d'Angleterre n'a que 13 ans et demi lorsque la guerre éclate en Europe. Dès qu'elle atteint l'âge de 15 ans, elle s'engage dans les ATS (*Auxiliary Territory Service*), se faisant abondamment photographier par les magazines en train d'apprendre à lire une carte d'état-major sous la conduite bienveillante d'une femme sergent-chef, ou encore apprenant à changer la roue d'une voiture. Mais au-delà de la propagande, la future reine du royaume ne saurait s'exempter d'un effort de guerre où se sont engagées avec une totale conviction toutes les femmes et jeunes filles de son pays.

Reines et princesses des pays du nord de l'Europe se relaient devant les médias à Londres, signifiant hautement par leur présence dans la seule capitale libre d'Europe que leur pays ne se trouve que pour un temps sous la botte nazie.

Les premières dames américaines suivent d'un peu plus loin. Eleanor Roosevelt intervient à la radio et dans de nombreuses manifestations en faveur de l'effort de guerre mais aussi du sort des Juifs.

Du côté de l'Axe, la notion même de première dame du pays, et *a fortiori* de première dame sur le front de la propagande, est inconnue. Dans ce monde d'hommes dictateurs, il n'y a pas de place pour une femme sur le devant de la scène. L'empereur Hirohito, Tojo, le Duce, le Führer se suffisent à eux-mêmes. D'abord, Hitler et Mussolini ne sont pas mariés et ils cachent ou en tout cas ne montrent pas leurs maîtresses, que ce soit Eva Braun ou Claretta Petacci. Les épouses des dignitaires nazis sont tout aussi effacées, sauf peut-être Magda Goebbels qui joue *ipso facto* mais très modestement le rôle de première dame du Reich. Quant aux autres, Speer, dans ses mémoires, écrit « qu'elles surveillaient avec une certaine réserve les singeries de leurs maris et évitaient la tornade politique qui emportait leurs hommes toujours plus haut ».

Côté Japon, la vedette de la radio est une femme qui va rapidement devenir célèbre sur tout le front du Pacifique et que les combattants américains vont surnommer « *Tokyo Rose* », Rose de Tokyo. Cette Américaine d'origine et de convictions japonaises s'appelle de son vrai nom Iva Toguri. Elle rejoint le Japon en juillet 1941 et met sa parfaite diction américaine au service de la propagande. Avec sa voix de radio, chaude et insinuante, la voici engagée sur Radio-Tokyo pour animer une émission de démoralisation à l'adresse des Gi's combattent dans la guerre du Pacifique. Plus astucieuse que la radio nazie avec ses invectives, Radio-Tokyo diffuse les derniers « hit-parades » de la musique américaine, mais entre chaque « tube », la voix empoisonnée de Rose susurre : « Que croyez-vous que font vos femmes aux États-Unis avec les planqués et les réformés ? »

En réalité, cette rose est tout un bouquet de vingt-sept voix féminines, aux timbres de voix suffisamment proches, qui se relaient au micro. Le plus étonnant est que la vraie Rose, la seule Rose dans l'imaginaire des combattants du Pacifique, va continuer sa carrière de star après la guerre, donnant des interviews et distribuant des autographes. Elle n'est arrêtée que le 16 août 1948, jugée onze mois plus tard et condamnée à dix ans de prison. Un Gi, interrogé lors du procès, aura le mot de la fin : « Elle a empoisonné notre solitude mais elle nous a bien fait rire ! »

Distractions sous influence

Distractions et loisirs n'échappent pas à la propagande. Le cinéma lui aussi s'en va en guerre. Les femmes y ont une place privilégiée, reflétant assez exactement le rôle que leur assigne leur patrie.

Dans le cinéma allemand, elles sont des épouses et des

mères exemplaires. En dépit de l'exode des acteurs et des réalisateurs, et parfois grâce à lui, de nouvelles actrices s'imposent et font courir des foules avides d'évasion. Ainsi la Suédoise Zarah Leander devient, en lieu et place de Marlène Dietrich qui s'est exilée, le nouveau sex-symbol du IIIe Reich. À la fois chanteuse et actrice, la belle Ilse Werner lui dispute les faveurs du public.

Autre vedette féminine que Marika Rökk, actrice, danseuse et chanteuse d'origine hongroise qui triomphe notamment dans la comédie musicale. Elle signe un premier rôle en 1935 et devient très vite, à l'égal de l'incendiaire Zarah, la star préférée des Allemands. On fredonne ses chansons. On court la voir dans le premier film en couleurs réalisé en Allemagne en 1941 et dont le titre est tout un programme : « Les femmes sont vraiment de meilleures diplomates ». Blonde et gaie, Marika fait oublier pour un moment au public allemand les malheurs de la guerre.

Les rôles sont distribués par la firme cinématographique du Reich, l'UFA, que contrôle de près Joseph Goebbels. Dès son accession au ministère de la Propagande en mars 1933, il comprend que « le cinéma est l'un des moyens les plus modernes pour agir sur les masses ». Aussi exerce-t-il personnellement une censure vigilante, ainsi qu'une cour pressante auprès des jeunes actrices qui ne peuvent travailler qu'en signant avec l'UFA. On le surnomme d'ailleurs « le bouc de Babelsberg » (ville où se trouvent les studios de l'UFA). Un cinéma en tout cas au service du Reich où le film en costume cède de plus en plus le pas au cinéma de guerre.

Un film, tombé depuis longtemps dans les oubliettes de l'histoire, illustre à lui seul le rôle que le Reich entend donner à la femme. Dans *Sous-marins vers l'ouest*, l'épouse d'un commandant de U-Boot, mère de quatre enfants, surmonte le cafard qui gagne le couple au soir d'une seule et unique journée de permission de son mari : « Chacun doit rester à son poste. »

En Grande-Bretagne et aux États-Unis, le cinéma de guerre fait florès. Dans un film britannique comme *Went the Day Well?* (1942), le casting est même très majoritairement féminin. Les nazis viennent de débarquer en Angleterre. Mal leur en a pris. Les voici dans un village côtier dont les hommes sont partis mais où veillent les femmes qui vont capturer les nazis et même en tuer un à coups de hache. Une autre, la fille du pasteur, abat calmement d'un coup de revolver son ancien fiancé qui s'est révélé être un agent de la cinquième colonne.

De façon moins belliqueuse, dans *The Lamp Still Burns* (Grande-Bretagne, 1943) une jeune femme sacrifie son amour (Stewart Granger) à son devoir. Elle est en effet infirmière et ne peut s'engager que si elle est célibataire.

Les stars d'Hollywood paient de leur personne dans des tournées ou des ventes au profit de l'effort de guerre. On voit ainsi Betty Grable, la première pin-up de l'histoire (c'est d'ailleurs le titre de l'un des nombreux films qu'elle tourne pendant la guerre : *Pin Up Girl*, 1944), faire monter l'enchère de l'une de ses paires de bas nylon à 10 000 dollars. Annabella organise elle aussi une vente de charité le 26 juillet 1942 dans le parc de sa propriété hollywoodienne. Cette Française, de son vrai nom Suzanne Charpentier, a été lancée par René Clair (*Sous les toits de Paris*, en 1930, ou encore, *Le Million*, en 1931). Mais Hollywood l'a appelée, où elle a épousé Tyrone Power. Elle n'oublie pas cependant qu'elle est avant tout française et le produit de la vente qu'elle organise ce jour-là ira entièrement à la France libre du général de Gaulle dont un représentant attend modestement l'issue, assis à l'écart. Gary Cooper est venu. Joan Crawford aussi, la star alors la mieux payée d'Hollywood. Elle est justement en train de tourner un film sur la Résistance à Paris avec John Wayne. Elle réalise la meilleure recette en vendant un à un ses soutiens-gorge. La somme, énorme pour l'époque, de 20 000 dollars est aussitôt remise au représentant abasourdi de la France libre.

Annabella se produira également dans les USO (*United Service Organisation*) *shows*, théâtre aux armées aux Etats-Unis, puis, en suivant le front, au Maroc, en Italie, en France. Marléne Dietrich fait de même, déclenchant l'enthousiasme délirant des Gi's, de l'Algérie jusqu'à l'Allemagne. Auparavant, elle avait vendu des « war bonds » jusque dans les bars, n'hésitant pas à aller s'asseoir sur les genoux des consommateurs et s'attirant de ce fait les admonestations du président Roosevelt en personne. Quand on demandera après la guerre à cette grande star, mais aussi grande dame, pourquoi, bien qu'Allemande et suppliée par Goebbels de retourner dans son pays, elle l'avait au contraire si vigoureusement combattu, elle aura cette réponse lapidaire : « Par décence. »

Dans une Grande-Bretagne assiégée, tous les loisirs sont organisés, contrôlés voire initiés par le CEMA (*The Council for Education in Music and the Arts*) créé dès 1940. Radio, concerts, expositions, théâtre itinérant sont sous influence. Il en va de même pour les revues et la littérature, celle surtout dite de gare où les romans de guerre se vendent comme des petits pains, reprenant l'éternel thème des histoires d'amour, mais cette fois en uniforme, et pour chacun des deux sexes.

Musique et chansons sont mobilisées elles aussi. Aux États-Unis, la croisade pour l'Europe est devenue synonyme de *swing music* et de *Big Band sound*. Les Andrews Sisters (elles sont trois) ne chantent, notamment aux armées, qu'en uniforme, fantaisiste il est vrai. Quant aux nouvelles danses «*crazy*» telles que le *jitterbug* ou le *boogie-woogie*, elles sont pour les jeunes le vent même de la liberté.

En Grande-Bretagne, les filles, en attendant d'apprendre les nouvelles danses venues d'outre-Atlantique, chantent. Elles chantent, et en même temps qu'elles les Tommies au front, «We'll Meet Again» ou «The White Cliffs of Dover» de leur idole Vera Lynn, surnommée «*Forces Sweetheart*», la fiancée des soldats. Vera Lynn aura été la chanteuse britannique la plus célèbre de toute la guerre, ne serait-ce qu'en raison du grand nombre de ses chansons mais surtout grâce à leur énorme succès auprès des soldats.

Anne Shelton chante la version anglaise de «Lili Marleen», la chanson la plus chantée de la guerre, la plus internationale aussi. Lili est née en Allemagne en 1917. La chanteuse allemande Lale Andersen l'enregistre en 1939 mais sans grand succès et d'ailleurs Goebbels trouve la chanson défaitiste. Pour une fois, il n'a pas tort. La diffusion de «Lili Marleen» par Radio-Belgrade en 1941 et sa réception enthousiaste par les soldats allemands de l'*Afrikakorps* lancent vraiment la chanson. Les stations allemandes diffusent «Lili Marleen» jusqu'à trente fois par jour. Les Britanniques s'en emparent pour en faire «My Lilli of the Lamplight». Suzy Solidor la chante en français dès 1940. Quant à Marlene Dietrich, elle ne ratera évidemment pas un tel «tube», qu'elle chantera d'abord en anglais puis, après guerre, en allemand.

Encore une fois, la France occupe une place à part. Jamais le cinéma n'y a connu un tel succès de fréquentation en dépit de l'interdiction d'importer des films anglais dès 1940 et américains à partir de 1942. Jamais la production de films français n'a été aussi féconde (grâce notamment à la création de l'avance sur recettes). Avec 220 films réalisés entre 1940 et

1945, on peut parler d'un âge d'or du cinéma français, alors même que celui-ci est sous contrôle de la Continental, firme à capitaux allemands qui a instauré une carte professionnelle excluant bien entendu Juifs, communistes et francs-maçons.

Or cette création a reflété nombre de tensions et de bouleversements agitant alors la France de l'Occupation, à commencer par la place des femmes dans la société. Après que la Continental a d'abord interdit toute production nationale en zone occupée pendant huit mois, *Premier rendez-vous* est réalisé en août 1941 par Henri Decoin avec Danielle Darrieux. Dès ce premier film, l'image valorisée du père dans le cinéma des années trente s'efface, emportée par la défaite, devant celle de la femme, souvent jeune mais capable de faire des choix de vie, en lieu et place de l'homme.

Aux pères des premiers rôles de l'avant-guerre (Raimu, Fernand Ledoux, Jules Berry) succèdent des premiers rôles féminins où l'image de la femme est valorisée, voire sublimée. La douce Anne (Marie Déa dans *Les Visiteurs du soir*), seule, ose défier le diable. De façon plus contemporaine et plus directe, dans *Départ à zéro*, le chef d'une équipe de jeunes cinéastes lancés dans la nature, qui est une femme (Madeleine Sologne), prévient d'emblée ses compagnons qu'il ne faudra pas compter sur elle pour faire la cuisine. La nurse du *Voile bleu* (Gaby Morlay) assume la fonction patriarcale tout en faisant verser des torrents de larmes à un public d'abord féminin.

Quant à Viviane Romance, elle abandonne significativement ses rôles de garce de l'avant-guerre pour devenir une femme vertueuse ou une mère qui renonce à son désir. Car bien entendu, tous ces films de ce nouveau cinéma, même s'ils traduisent voire précèdent une incontestable émergence de la femme, ont en commun de nier son désir, à tout le moins de le sacrifier. Ceci ne va pas toujours sans un cri de révolte, comme, toujours avec la sensuelle Viviane Romance, dans *Vénus aveugle* où une chanteuse de beuglant, en train de perdre la vue, sacrifie son amour pour un marin afin de lui permettre d'avoir une vie normale mais n'en chante pas moins devant des buveurs en goguette : « Je vous déteste, les hommes (...) Toujours pour vous nous sommes / L'éternelle bête de somme / Pour l'éternité ! »

Pour les autres loisirs, la France se trouve dans une position encore plus ambiguë du fait de la présence de l'occupant sur son territoire. Ailleurs, la situation est claire : les artistes ont naturellement mis leur art au service de l'effort de guerre et par conséquent de la propagande. Mais en France, les artistes sont au service de qui ? De quel public ? Certes, « Paris sera toujours Paris », mais Paris est sous la botte allemande et les danseuses « nues » qui se produisent sur la scène des Folies-Bergère, du Moulin de la Galette ou du Shéhérazade font salle comble, mais comble d'Allemands en permission, de « collabos » et de nouveaux riches du marché noir. Paris, selon le vœu même de Hitler, est devenu le Luna Park de l'Europe nazie. L'exemple ici est presque caricatural mais les résistants ou plus simplement les non-collaborateurs posent une question plus large : comment peut-on chanter, rire et danser quand, au même moment, des Français sont torturés au siège de la Gestapo ou attendent l'heure d'être fusillés au Mont-Valérien ? Quel jugement porter sur un gala d'artistes tel que celui qui se déroule, avec succès, à Paris en juin 1942 au profit des ouvriers français travaillant en Allemagne ? N'est-ce pas finalement servir l'effort de guerre du Reich ?

Cette polémique surgit avec force aussitôt après la libération de Paris. Déjà les journaux clandestins s'étaient montrés virulents à l'encontre des artistes, accusant, par exemple, Arletty d'être l'ambassadrice de la France auprès des puissances occupantes (« couchée et nourrie, bien entendu ! »). Alors que la défaite de l'Allemagne approchait, un tract s'adressant aux «comédiens, artistes lyriques, artistes de music-hall» avait même énuméré «ce qu'on appelle aujourd'hui collaborer dans les diverses branches de votre profession». Et le tract d'interdire Radio-Paris, la Radio nationale, la Continental (sauf à être «comédien pauvre» et à prouver plus tard qu'il n'a pas pu gagner autrement sa vie), les galas patronnés par des organisations collaborationnistes («même sous prétexte de charité»), toute scène de théâtre où se joue «une pièce de propagande».

Mais rares étaient les vedettes et les comédiens qui avaient refusé de «continuer le spectacle». Michèle Morgan et Françoise Rosay s'étaient expatriées. Quant aux réfractaires qui avaient voulu néanmoins rester en France, elles avaient eu de sérieux ennuis. Ginette Leclerc, refusant de signer avec la Continental, avait été réduite au chômage. Danielle Darrieux avait été placée pendant quinze mois en résidence surveillée. Les autres, le plus grand nombre, n'avaient rien vu ou rien voulu voir.

Les mémoires d'Edwige Feuillère sont révélateurs de cet état d'esprit et pourraient s'appeler «défaut de mémoire». Elle semble traverser l'Occupation avec pour unique préoccupation sa carrière. Le théâtre est devenu une sorte d'île bienheureuse: «Pendant ces années où il fallait tenir bon contre l'angoisse, le froid, la faim et l'inconfort, une soirée de théâtre était une rencontre chaleureuse, faite d'oubli du moment et d'espoir de l'avenir. Par les rues noires, on avançait (...) pour arriver enfin dans cet endroit privilégié, éclairé, chauffé, habité – la salle de théâtre. Là, flambait le feu central, insolent, de la vitalité et de la vigueur de l'esprit français.»

Cette invocation à «l'esprit français» et à la nécessité de maintenir celui-ci en dépit de l'Occupation sera souvent avancée par les artistes mis en cause à la Libération. Des chanteuses comme Édith Piaf, Suzy Solidor, Fréhel, des actrices de théâtre comme Elvire Popesco, Alice Cocéa, Jeanne Boitel ne diront pas autre chose.

Lorsque sonne l'heure de l'épuration, il se forme aussitôt un « Comité d'épuration des professions d'artistes dramatiques, lyriques et des musiciens exécutants ». Mistinguett, la star du Casino de Paris, reçoit un blâme, ainsi qu'Arletty. D'autres artistes sont enfermés un temps à Drancy, curieusement reconverti. C'est le cas de Germaine Lubin, célèbre cantatrice wagnérienne. Pour son malheur, Hitler, grand amateur du genre, a été l'un de ses « fans ». À la fin d'une représentation, le Führer enthousiaste s'est rendu dans sa loge et lui a dit : « De toute ma vie, je n'ai jamais vu ni entendu une telle Isolde. » Germaine Lubin aura beau s'en défendre, la voilà sacrée cantatrice nazie. Elle essaiera aussi de faire valoir qu'elle a aidé et même fait libérer nombre de personnes grâce justement à ses relations en Allemagne. Rien n'y fera. Elle sera condamnée à l'indignité nationale. D'autres artistes comme Suzy Delair réussiront pourtant à faire valoir ce double jeu.

À Drancy, Germaine Lubin a croisé Sacha Guitry et aussi Mary Marquet, la célèbre actrice de théâtre dont elle va partager la cellule. Mary Marquet, elle non plus, ne comprend pas ce qui lui arrive, ce qu'on lui veut à elle, une immense actrice qui d'ailleurs, tout au long de ses emprisonnements successifs, réussit à se faire suivre de pas moins de 90 bagages et paquets. Dans ses mémoires, elle raconte un détail étonnant d'une fait survenu lors de son arrivée à Drancy : « La chambrée où nous pénétrons est jonchée d'objets cassés, de verres brisés, de meubles renversés (...) Telles des feuilles mortes, des taches jaunes gisent sur le sol... Une étoile... deux étoiles... des dizaines d'étoiles... Et j'imagine le geste libérateur, l'arrachement de l'insigne monstrueusement volé aux astres ! »

Rien de bien précis ne pourra finalement être retenu contre Mary Marquet qui bénéficiera d'un non-lieu. Dans ce milieu où l'on se jalouse facilement, les dénonciations souvent calomnieuses étaient allées bon train. Mais il est vrai aussi qu'à entendre chacun, il n'y avait que des saints. Il n'y aura guère qu'un romancier et commanditaire de théâtre comme Alfred Fabre-Luce pour oser écrire dans son Journal, à la fin de la guerre : « On me dira aussi que j'ai collaboré. J'ai de bons rapports avec les Allemands, c'est entendu (...) D'ailleurs, je ne fais pas de politique. Il y a déjà plusieurs années que je me suis dit : pendant la première partie de la guerre, je travaillerai avec les Allemands. Pendant la seconde, je travaillerai avec les Américains. Il n'y a pas plus français que moi. »

III

COMBAT

Auxiliaires des armées

Sollicitées à ce point dans l'effort de guerre et dans la logique de guerre totale, les femmes se devaient de franchir un pas supplémentaire en s'engageant dans les armées. La question n'était pas nouvelle et avait déjà surgi au moment de la Grande Guerre. Allemands, Autrichiens, Français étaient contre, à l'exception de l'emploi traditionnellement féminin d'infirmières, jusques et y compris au front mais pas en première ligne. L'argument principal était (et demeure au début de la Seconde Guerre mondiale) qu'il était «contre nature» d'envoyer des femmes se faire tuer à la guerre

ATS, WAAF, WREN

La Grande-Bretagne fait de nouveau figure de pionnière. En 1914 déjà, le recrutement aux armées s'était opéré sur la base du volontariat (la conscription ne sera décrétée qu'en 1916). Pourquoi alors refuser le volontariat féminin? Dès l'automne 1914, un *Women's Emergency Corps* (Wec) avait été créé au sein duquel, hors des combats et à titre civil, les volontaires accomplissaient des tâches de cuisinières de cantine, de chauffeurs, d'ambulancières et d'infirmières. En 1918, pour compenser les lourdes pertes de la guerre, un *Women's Auxiliary Army Corps* (Waac) et un *Women of the Royal Navy* (WRN) furent créés, lesquels comptaient 105 000 femmes à la fin de la guerre.

Dès ce moment, une autre question s'est posée à propos de ces femmes : cette révolution dans les institutions sociales ne risquait-elle pas d'en entraîner une autre dans les mœurs, par définition pudiques, de la femme ? Même injustement, l'opinion n'allait-elle pas les soupçonner de licence sexuelle ? Et la respectable Angleterre de créer des uniformes stricts et laids (sans poches de poitrine par exemple, afin, pensait-on, de ne pas souligner les seins), d'instituer une discipline stricte interdisant notamment la fraternisation avec les militaires masculins, et même de rebaptiser les Waac en Qmaac (*Queen's Army Auxiliary Corps*), avec la reine Mary pour commandant en chef honoraire et garant moral.

Forte de ces antécédents et sentant la guerre venir, la Grande-Bretagne institue dès 1938 l'*Auxiliary Territorial Service* (ATS) qui recrute 17 000 femmes dès la première année. Certains cadres sont même des anciennes de 14-18, l'armée fermant les yeux sur leur âge. En 1943, elles seront 200 000, après avoir eu le choix entre l'engagement dans l'armée (avec, dans ce dernier cas, une limitation aux célibataires entre 19 et 30 ans) et le service civil, dans le cadre de la conscription des femmes. À partir de septembre 1941, l'ATS incorpore un autre service féminin qui n'avait même pas été dissous au lendemain de la Grande Guerre : le *Women's Transport Service*, créé pour porter secours aux blessés en… 1881.

En dépit d'une affiche de recrutement « *glamorous* » sur

laquelle une jolie fille (longs cheveux blonds et bouclés, rouge à lèvres, calot fantaisie) invite à rejoindre les ATS, l'uniforme est sévère : solides chaussures noires, veste et lourde jupe à mi-mollets kaki, casquette à visière ornée d'une broche ATS surmontée de la couronne royale, cravate et chemisier kaki. Tout est kaki, jusqu'aux sous-vêtements. L'organisation en compagnies, la hiérarchie, la vie dans les baraquements sont strictement militaires. La solde est la même que pour les hommes : 10 pence par jour, plus, ajoute l'armée sans la moindre note d'humour, le gîte, l'habillement et le couvert.

Les tâches sont identiques à celles qui sont accomplies par les soldats de l'armée de terre, à l'exception du maniement des armes ou plutôt de leur emploi au feu car, comme les hommes, les jeunes femmes ont d'abord fait leurs classes, universellement, à base de marche au pas, de sports collectifs et de démontage et remontage du fusil. La distinction avec les dangers du front n'est d'ailleurs pas toujours évidente. Ainsi les ATS, hors des mille tâches classiques du quotidien de guerre, qu'il s'agisse de travailler au ravitaillement ou de conduire des véhicules, sont-elles enrôlées en grand nombre dans les batteries de DCA, actionnant, qui les projecteurs, qui les amplificateurs de son. Même si elles ne déclenchent pas le tir des canons (on les en empêche), elles partagent bel et bien les mêmes risques d'une attaque aérienne. Il en va de même pour les ATS, nombreuses elles aussi, employées dans la Défense passive sous les bombes du *Blitz*. Plusieurs dizaines de milliers d'entre elles sont affectées à la lutte contre les incendies et l'on voit même un petit village du Yorkshire qui, grâce au dynamisme d'une jeune fille de 22 ans, Betty Blankes, se flatte de compter exclusivement des femmes dans son équipe de pompiers.

En avril et juin 1939, et donc toujours avant la déclaration de guerre, le gouvernement britannique réactive d'abord les *Women's Royal Navy Service* (Wrns, mais on dit Wrens), puis les *Women's Auxiliary Air Force* (Waaf). Les Wrens, à la différence des deux autres corps féminins rattachés à leur arme respective, forment un corps indépendant directement lié au ministère de la Marine. Les effectifs y sont moins nombreux, passant de 1 500 en septembre 1939 à 40 300 à la fin de 1942. Les Wrens ont une réputation d'élite, avec une meilleure instruction, une formation plus complète et aussi un uniforme plus seyant quoique strict (et bleu marine évidemment). Petite révolution dans les mœurs, leur tenue de travail comporte un pantalon. Pas moins de 80 fonctions leur sont assignées : tâches domestiques (pour 30 %), transmissions et services météo, travaux techniques allant de l'entretien mécanique à la vérification et au transport des torpilles et des mines de fond. Pas de service embarqué toutefois, si ce n'est celui des ports pour le ravitaillement des navires de guerre ou plus rarement à bord de vedettes de sauvetage, avec des équipages exclusivement féminins, ou encore à bord de transports de troupes.

Les Waaf quant à elles ont une importance proportionnelle à celle de la RAF dans la conduite de la bataille d'Angleterre, c'est-à-dire très grande. Elles sont 182 000 à la fin de 1943, constituant 22 % des personnels sur les bases aériennes militaires et dans les stations radars. Les Waaf ne sont pas autorisées à voler, ou en tout cas pas à combattre, mais ceci n'empêche pas qu'elles sont, au même titre que leurs compagnons d'armes, exposées aux bombardements allemands visant les aérodromes militaires au début de la bataille d'Angleterre.

Comme dans les autres armes, les tâches des Waaf sont nombreuses mais le rêve de beaucoup d'entre elles est de voler, et d'ailleurs beaucoup y parviennent après avoir confirmé un brevet de pilotage acquis la plupart du temps avant leur engagement dans l'armée. À défaut de pouvoir le faire dans les escadrilles de combat, elles intègrent l'ATA (*Air Transport Auxiliary*) dont les missions consistent à conduire des avions tantôt de leur sortie d'usine à leur base d'affectation, tantôt d'une base à l'autre. C'est une femme, Ursula Waldron, elle-même pilote, qui a eu l'idée de créer ce service et de le confier à des femmes, faisant ainsi gagner des milliers d'heures de vol à des pilotes requis pour des missions de combat. Une autre femme, Pauline Gower, fille d'un député conservateur, a pu dès 1939 constituer effectivement des équipes féminines dans l'ATA. À la fin de la guerre, ces « ferry pilots » au féminin constituent 50 % des effectifs, pilotant tous les types d'avions de combat, à commencer par les célèbres Spitfire qui auront eu ainsi souvent leur premier vol avec une femme à leurs commandes.

Amy Johnson est l'une d'elles. Devenue célèbre en 1931 à la suite d'un vol en solitaire de 16 000 km vers l'Australie, elle a intégré l'ATA puisque le combat lui était interdit. Mais le 5 janvier 1941, après six mois de missions sans histoire, son avion disparaît brusquement dans l'estuaire de la Tamise, probablement à la suite d'une avarie, aucun avion allemand n'étant en vue à ce moment-là. Son corps ne sera jamais retrouvé.

Quant à Margot Duhalde, pilote franco-chilienne engagée dans les Forces françaises libres mais ne pouvant finalement voler que dans l'ATA, elle va convoyer à elle seule le nombre ahurissant de 1 500 avions de 108 types différents, y compris des bombardiers, méritant bien le grade de *First Officer*.

Promotions et distinctions restent néanmoins chichement mesurées à toutes ces femmes, sauf lorsqu'elles peuvent se hisser au rang de spécialistes. Constance Babington Smith est l'une d'elles qui, après avoir rejoint les Waaf en juillet 1940 et travaillé pendant six mois sur télescripteur, se spécialise dans l'analyse des photographies aériennes. Affectée comme *Flight Officer* au centre d'interprétation des photos de reconnaissance de la RAF, elle y acquiert une telle compétence qu'elle en devient la responsable. Sa réputation de spécialiste est telle qu'aussitôt après la victoire en Europe, elle est envoyée sur le théâtre d'opérations du Pacifique jusqu'à la capitulation japonaise. Elle sera la seule femme britannique à recevoir la *Legion of Merit* américaine.

On compte à la fin de la guerre un peu plus de 450 000 femmes britanniques engagées dans les trois armes. Cela ne va pas sans quelques réactions de mauvaise humeur, dans l'armée d'abord, traditionnellement hostile à la présence des femmes, dans la population aussi, et notamment chez des femmes plus âgées interrogées lors de sondages confidentiels et s'indignant de voir des filles, fût-ce en uniforme, aller le soir dans les bars pour y rire, boire et fumer « comme des hommes ».

D'autres femmes britanniques, fort rares il est vrai, se posent par ailleurs en objecteurs de conscience et demandent que, consécutivement à l'instauration du Service national féminin, le statut d'objecteur de conscience soit reconnu aux femmes. Il est d'autant plus facilement accordé que celles-ci ont toujours pu choisir entre l'uniforme et le service civil.

CWAAF, CWAC, WRCN

Au Canada, le gouvernement a d'abord hésité avant de créer des corps féminins dans ses armées. En effet, les réticences dans la population sont nombreuses. « L'idée d'une femme en uniforme, écrira un témoin masculin, apparaissait étrange et finalement immorale. » Et les objections de se multiplier. Comment les filles supporteront la discipline ? Ne chercheront-elles pas plutôt à fuir leur foyer et par conséquent d'échapper à leur condition de femme ? Ne vont-elles pas se livrer à la débauche ? Faut-il mettre ainsi les hommes et les femmes à égalité ? Des questions classiques, somme toute, mais exprimées ici sans détour.

Une objection financière s'y ajoute, selon laquelle il va coûter plus cher à l'armée de loger et d'entretenir les femmes que les hommes (pratiquement le double), pour la simple raison qu'il faut loger celles-ci à part, créer de nouveaux uniformes. Mais la vague patriotique emporte finalement tous ces obstacles. Au printemps 1941, Winston Churchill a demandé au Canada plus de soldats, plus de marins, plus d'aviateurs, et quand le gouvernement canadien lui a répondu que tous les hommes mobilisables étaient déjà partis, le vieux lion britannique a rétorqué : « Et vos femmes ? Que faites-vous de vos femmes ? » Churchill a également fait remarquer qu'à l'intérieur du Commonwealth, l'Afrique du Sud incorporait des femmes dans ses armées depuis novembre 1939, la Nouvelle-Zélande depuis février 1941 et l'Australie depuis mars. Et le gouvernement canadien d'accepter finalement que chaque arme recrute directement des femmes en fixant ses propres critères. Il avait déjà accepté en juin 1941 que le *British Mechanised Transport Corps* recrute des Canadiennes.

Le *Canadian Women's Auxiliary Air Force* (Cwaaf) est créé le 12 juillet 1941. Il y a déjà une liste d'attente de 17 000 femmes, et ce sera d'ailleurs à quelques centaines près l'effectif des auxiliaires de l'Aviation royale canadienne (ARC) en 1945. Les candidates doivent avoir de 21 à 41 ans (puis de 18 à 45), être aptes à passer un examen médical et « avoir bon caractère ». Les femmes mariées peuvent s'enrôler, sauf si elles ont un enfant de moins de 16 ans ou une fille de moins de 18 ans. L'uniforme sera une jupe et une tunique dans le bleu de l'ARC, un chemisier bleu clair et une cravate noire, des souliers noirs à lacets et une casquette à visière. Nan Morriss découvre à cette occasion l'imperturbable logique de l'armée : « Les règles concernant la longueur de notre jupe étaient très strictes : on n'était pas autorisées à les raccourcir ou les rallonger (...) Les filles courtes avaient donc des jupes plus longues et les grandes filles avaient des jupes plus courtes. » Ces jeunes femmes n'abdiquent pas pour autant toute coquetterie, se concentrant sur des détails tels que des bas nylon (la grande nouveauté, mais plutôt pour les « officières ») à la place des bas de coton réglementaires qui ont la détestable habitude de tomber sur les chevilles. Beverly Robinson précise que ces bas nylon finirent par être tolérés. Deux couleurs seulement étaient permises : brun foncé et vert sombre. « Mais les bas s'ajustaient bien, s'alliaient à l'uniforme et relevaient beaucoup notre moral. »

Outre les éternelles corvées où les filles retrouvent en quelque sorte leur « vocation » ou si l'on veut – la « malédiction domestique » de la vie civile –, les tâches sont très diverses et rejoignent celles qui sont assignées aux « grandes sœurs » britanniques du Waaf. Goldie Lloyd, de l'Ontario, occupe un poste d'opératrice téléphonique par quarts de six heures dans la salle d'opérations de la base de bombardiers de Dartmouth (au Canada, près de Halifax). « Nous devions apprendre nos fonctions très vite, car les hommes que nous remplacions étaient affectés ailleurs en quelques jours. » Les conditions de vie des Cwaaf sont très précaires dans cette base, jusqu'à ce qu'un casernement soit enfin construit pour les femmes en juin 1943.

Dans son témoignage, Goldie note que, lorsqu'elle sortait en permission avec ses compagnes, « certains magasins ne traitaient pas toujours bien les femmes militaires. Nous en riions à l'époque, mais cela nous chagrinait. Il y a un magasin de vêtements pour dames que j'évite encore aujourd'hui à cause de la façon dont une succursale du même nom m'a traitée à Halifax. » Ruth Ralston confirme de son côté qu'« au départ, il y avait une certaine opposition à l'enrôlement des femmes – que ce soit au sein de la population ou de l'ARC [Aviation royale canadienne]. Si l'une des employées du ministère de la Guerre commettait un acte idiot, les journaux montaient l'incident en épingle. Heureusement cela n'est pas arrivé très souvent.» Ruth ajoute qu'«à l'origine, les commandants ne voulaient pas de femmes sur leurs bases. Puis, lorsque le personnel féminin du ministère de la Guerre est arrivé, les commandants ont pris conscience qu'il était très efficace. Alors, ils voulaient davantage de personnel féminin du ministère de la Guerre!»

Un certain nombre de ces Cwaaf sont volontaires pour rejoindre l'Angleterre. Elizabeth Hunt, quant à elle, y faisait ses études quand la guerre a éclaté. À preuve de la grande perméabilité (et solidarité) entre les pays du Commonwealth, Elizabeth, quand elle reçoit sa lettre de conscription du Canada, choisit d'intégrer la RAF comme conductrice. Elle a 18 ans et sait déjà conduire. Après trois mois de formation militaire, elle est affectée à une base d'avions de chasse dans le Somerset. Là elle pilote d'abord un camion-citerne et fait elle-même le plein des avions. Puis elle conduit une ambulance, en allant se poster en bout de piste d'atterrissage en cas de casse. Et de la casse, il y en a souvent, ainsi que des blessés et des morts, au retour des combats aériens. «L'une des tâches que nous avions, lorsqu'un pilote était abattu, était de demander à l'un de ses amis d'aider à rassembler ses vêtements et ses objets personnels pour les renvoyer à sa famille. Je me rappelle un soldat qui effectuait cette tâche et disait: "Je suppose que ce sera moi le prochain." Eh bien, devinez quoi, ce fut le cas.»

Le *Canadian Women's Army Corps* (Cwac) est créé le 13 août 1941, un mois après le service féminin de l'ARC. 21 624 Canadiennes vont y servir comme cuisinières, blanchisseuses, serveuses, magasinières, messagères, conductrices, téléphonistes, dactylo-sténographes, conductrices. Mais, la guerre se prolongeant et les besoins en personnels militaires plus spécialisés augmentant, ces auxiliaires, surnommées de façon quelque peu péjorative « cols roses » (bien que leur uniforme soit strictement kaki et très proche de celui des ATS), ont été progressivement formées et employées à des emplois de codage, de transmission, de mécanique, de surveillance radio ou radar.

Bien entendu, même si le registre en est discret, la question du sexe se pose. « Les femmes devaient être célibataires, précise Jeanne Bouchard. Si vous vouliez vous marier, vous deviez donner votre démission. » Mais au-delà, plus discrètement encore, se pose la question de la sexualité. Toute fille enceinte est immédiatement et presque secrètement rendue à la vie civile « pour raisons familiales ». Une telle situation est d'ailleurs exceptionnelle tant la surveillance exercée sur les filles est forte. « Au plan de la sexualité, confie Nano Pennefather, il y avait deux poids, deux mesures : on s'attendait à ce que les hommes, les militaires en particulier, mènent une vie sexuelle active, alors que les femmes célibataires se comportant aussi librement suscitaient le mépris. Les militaires masculins recevaient des préservatifs pour prévenir les maladies vénériennes ; par contre, on projetait au bénéfice des femmes dans les forces armées un film insinuant qu'il valait mieux attendre d'être mariée avant d'avoir des relations sexuelles. » Une Québécoise résumera bien la situation avec cet aphorisme : « Pas de couchette ! » Quant à d'éventuelles relations homosexuelles, rares de toute façon parce que marquées plus encore au coin de la réprobation générale, mémoires et témoignages observent sur ce délicat sujet un silence tombal.

Cette question de la sexualité des femmes en uniforme se

pose à peu près exactement dans les mêmes termes, avec la même psychologie collective et les mêmes règlements, quels que soient les pays. Ceci n'empêche d'ailleurs pas les idylles, mais des idylles licites qui se terminent par un mariage à la fin de la guerre. On est encore très loin de la «révolution sexuelle» des années soixante-dix.

Le *Women's Royal Canadian Naval Service* (WRCN), mais, à l'instar des Britanniques, on dit Wrens) est créé en dernier, le 31 juillet 1942, et comptera 6781 recrues. Initialement formé par trois «officières» supérieures du *Women's Royal Naval Service* britannique, le corps canadien lui ressemble beaucoup, uniforme «smart» et élitisme compris. Les Wrens canadiennes déploient leur activité dans 48 professions, dont les transmissions constituent la part la plus importante. Elles servent d'abord au Canada, à commencer par la principale base navale de Halifax, mais aussi «outre-mer», à Terre-Neuve (considéré alors comme «outre-mer»), en Grande-Bretagne et même en Méditerranée.

Wac, Wave, Wasp

La réticence américaine à incorporer des femmes dans l'armée a été peut-être au départ encore plus forte qu'au Canada. Déjà, lors de la Grande Guerre, la mobilisation féminine dans l'armée avait été infiniment inférieure à celle de la Grande-Bretagne et même du Canada. Au lendemain de Pearl Harbor, un membre du Congrès, Miss Edith Rogers, qui a servi en France dans la Croix-Rouge pendant la Grande Guerre, présente un projet de création d'un corps militaire féminin. Mais l'opinion publique est hostile. Le débat fait rage et atteint un sommet lorsque le directeur d'un collège naval qui a rappelé que la marine veut seulement des hommes (deux lois, l'une de 1925 et l'autre de 1938, vont dans ce sens) s'entend répliquer par Virginia C. Gildersleeve, doyenne du Barnard College en train de constituer une réserve féminine : « Si la marine avait pu utiliser des chiens, des canards ou des singes, certains des amiraux de la vieille école les auraient certainement préférés aux femmes ! »

Après une longue enquête sur le fonctionnement des auxiliaires féminines en Grande-Bretagne et au Canada, le Congrès institue finalement, le 14 mai 1942, un corps d'auxiliaires féminines, le Waac (*Women's Auxiliary Army Corps*). Rattaché à l'armée de terre, ce corps a néanmoins un statut civil, avec un commandement séparé et une formation dans des écoles à encadrement exclusivement féminin. Cette dichotomie se révèle rapidement ingérable et, le 1er juillet 1943, le général Marshall fait adopter une loi transformant le Waac en un corps militaire : le Wac (*Women's Army Corps*). 140 000 femmes vont s'engager volontairement dans le Wac, accomplissant à peu près les mêmes tâches que leurs consœurs britanniques et canadiennes. 40 000 d'entre elles serviront dans l'*Army Air Force* dépendant initialement de l'armée de terre.

Le corps des Waves (*Women's Accepted for Voluntary Emergency Service*), auxiliaire de la marine, est créé le 30 juillet 1942, directement cette fois avec un statut militaire, à preuve des tergiversations du Congrès en la matière. Celui-ci réactive en outre le 25 novembre de la même année la *Women's Reserve of the US Coast Guard* et, le 3 février 1943, la *Women's Reserve of the US Marine Corps*. Celles qu'on appellera les *Women Marines* seront 19 000. Quant aux Waves, elles seront 86 000 à être employées dans les services à terre (toujours pas de femmes à bord) : bases navales, arsenaux, dépôts, états-majors et ministère à Washington où elles constitueront 55 % des effectifs. D'abord, elles n'ont pas le droit d'être affectées ailleurs qu'aux Etats-Unis, mais, à partir de 1944, elles sont autorisées à servir outre-mer, uniquement toutefois dans les zones américaines hors du front. En outre, à preuve de leur statut finalement inégalitaire, elles ne peuvent bénéficier que des dispositions prévues pour des employées civiles en cas de blessure ou de décès en service alors même qu'elles sont strictement soumises aux règlements et à la vie militaire.

Cultivant le jeu de mots avec «vagues», les Waves sont fières de leur uniforme «*womanly, workmanlike and dignified*» («féminin, professionnel et empreint de dignité»). Ce sont des experts américains du design qui ont mis deux mois à en définir la ligne.

Autre corps militaire féminin que le Wasp (*Women's Airforce Service Pilots*), créé à l'imitation de celui de l'*Air Transport Auxiliary* britannique. Là aussi l'idée est de rendre disponibles pour le combat des pilotes masculins mais il ne s'agit pas pour autant de confier des appareils valant des fortunes à des pilotes inexpérimentées. Pas moins de 25 000 demandes sont soumises à sélection où les femmes sont mises à égalité de compétition avec les hommes, obtenant à la surprise des examinateurs (des hommes) à peu près les mêmes proportions de succès et d'échecs. Mais, là aussi, avant de prendre les commandes d'un avion, fût-ce un remorqueur de cible, les femmes pilotes auront dû surmonter bien des résistances et des vexations.

Elles pilotent pourtant 77 types d'avions dont des B-26 et des B-29 (superforteresses) en totalisant 90 millions de km de vol pour «seulement» 38 accidents mortels, c'est-à-dire un pourcentage équivalent à celui de leurs homologues masculins. Pourtant l'injuste maintien d'un statut civil les empêche de bénéficier des pensions militaires en cas d'invalidité. Pire, la concurrence directe et réussie qu'elles auront ainsi faite aux hommes, aux antipodes des tâches domestiques où l'on cantonna souvent les femmes jusque dans l'armée, conduira le haut commandement américain à dissoudre le corps des Wasp dès la fin de 1944. Le général Spaatz, commandant en 1945 des forces aériennes stratégiques du Pacifique et futur commandant de l'armée de l'air américaine au lendemain de la guerre, dira pourtant d'elles : « Je ne vois aucune différence entre les hommes et les femmes, sinon que ces dernières portent la jupe. »

Mais d'autres porteuses de jupe américaines se montrent nettement moins patriotiques. En effet, une minorité d'Américaines s'élèvent contre la guerre, fût-elle une « guerre juste », et militent pour l'objection de conscience. Elles ne sont pas elles-mêmes en droit des objecteurs puisqu'il n'y a pas de conscription féminine aux Etats-Unis, mais elles appellent leurs sœurs à ne pas tomber dans le piège de la propagande qui les envoie par millions dans les usines de guerre ou les pousse à revêtir l'uniforme. Dans leur logique, ces pacifistes se déclarent, sinon de droit, du moins de fait, elles-mêmes « objecteuses » de conscience puisqu'elles sont dans une société où la culture de guerre est telle que des millions de femmes n'y remplissent plus leur rôle de gardiennes de vie et donc de défenseurs de la paix.

Elles s'approprient d'autant plus facilement leur rôle qu'elles ont souvent en charge la vie des camps du *Civilian Public Service* où sont internés de nombreux objecteurs qui ont choisi ce service civil non rétribué de préférence à la prison. Et certaines de ces militantes pacifistes de se demander si finalement, avec cette participation, elles ne servent pas elles aussi l'effort de guerre des États-Unis.

Dès 1938 en France, la loi Paul-Boncour avait prévu que les femmes pourraient être requises en cas de guerre ou s'engager volontairement. La guerre venue, et indépendamment de la mobilisation des femmes dans l'industrie de guerre ou de l'emploi de personnels féminins civils dans les établissements militaires, la question de la création d'auxiliaires féminines des armées se développe dans le désordre le plus complet. En dépit des réticences du commandement, le principe n'en est pas vraiment combattu et les femmes potentiellement volontaires sont nombreuses.

En 1938, par exemple, Louise Weiss a constaté de graves carences de la Défense passive et voudrait créer un corps féminin de protection de la population civile. Mais quand les nombreuses propositions d'engagement affluent, les services officiels répondent qu'ils n'ont pas d'instructions. En France, rien ne s'organise solidement contrairement à ce qui a cours en Grande-Bretagne et plus encore en Finlande, dont les Lottas sont particulièrement célèbres dans l'Hexagone pourtant, pendant la drôle de guerre.

Des groupes de conductrices et d'ambulancières de la Croix-Rouge se créent spontanément, presque toujours à l'initiative de femmes, certaines n'hésitant pas à mettre leur voiture personnelle à la disposition de leurs groupes, en attendant des ambulances qui la plupart du temps n'arriveront jamais. En février 1940, des femmes en uniforme constituent les « sections sanitaires automobiles de la Croix-Rouge française ». Ces SSA, à statut civil mais rattachées au train des équipages, sont tout de même un millier à l'armistice. Elles ont été finalement assez peu conductrices d'ambulance, servant plus souvent de chauffeurs à des officiers ou assurant des évacuations.

Ce n'est que le 21 mai 1940, alors que l'armée allemande a percé à Sedan depuis sept jours, que le gouvernement, sous la pression des hauts commandements des trois armes, a décidé par décret d'autoriser l'engagement de femmes de 21 ans à 50 ans pour servir comme auxiliaires militaires. Évidemment, c'était trop tard. De même un décret du 27 mai 1940 créait les «pilotes auxiliaires féminines de l'air», chargées des convoyages, mais jusqu'à cette date, ces femmes n'avaient été que quatre. En pleine débâcle, l'une d'elles, Claire Roman, sera la seule à rejoindre un terrain pour s'engager, sera faite prisonnière par les Allemands lors d'un convoyage et réussira à s'évader en évitant aux Allemands (et à elle-même) de se poser l'intéressante question de savoir si la convention de La Haye sur les prisonniers de guerre concerne aussi les femmes.

Tandis que le gouvernement de Vichy met fin à ces balbutiements de mobilisation féminine, le général de Gaulle, qui poursuit le combat de la France à Londres, n'a pas la moindre hésitation sur l'opportunité d'intégrer des femmes dans les Forces françaises libres en train de se constituer. Il a confié cette mission à Simonne Mathieu, une championne de tennis, mais il se heurte à la mauvaise volonté des Britanniques qui lui font remarquer qu'il existe une «*foreign legion*» au sein de leurs propres ATS et que d'ailleurs beaucoup de Françaises s'y trouvent déjà. De Gaulle s'obstine et officialise le 20 décembre 1941 les FFL féminines, aux règlements et aux uniformes calqués sur ceux des ATS. Lentement, les effectifs passent d'une petite centaine à environ 500.

Tereska Torrès a été l'une d'elles. Ses parents sont des Juifs polonais de milieu bourgeois vivant en France. Elle se réfugie avec sa mère au Portugal puis en Angleterre lors du désastre de 1940, tandis que son père est parti combattre en Pologne et va réussir à rejoindre Londres lui aussi. Tereska voudrait s'engager dans l'armée britannique mais elle rencontre Simonne Mathieu qui commande désormais les FFL féminines. Elle est dans les toutes premières à s'y engager «pour la durée de la guerre plus trois mois». Elle suit l'entraînement propre aux ATS et la vie de caserne sous le *Blitz*. L'une de ses camarades, Moune Malaroche, sera d'ailleurs tuée lors d'un bombardement. Elle tient son journal qu'elle divise en nombre de lits où elle a successivement dormi depuis son exil de Paris («Janvier 1942. Permission en Écosse. 53e lit»). En juillet 1943, deux nouvelles recrues ne passent pas inaperçues, puisqu'il s'agit de Madame de Rothschild et de sa fille Nicole.

La vie de caserne pèse parfois à ces Françaises qui bien sûr ont «l'esprit français», c'est-à-dire peu apte à la discipline. Aussi, les règlements ne cessent de leur rappeler que «les cheveux ne doivent pas dépasser le col de la veste, que le vernis à ongles de couleur est interdit, que les breloques, badges non réglementaires sont interdits, que le port des bas de soie est interdit pendant les heures de service». Des sanctions sont prises régulièrement à l'encontre de celles qui ne sont pas vêtues de façon réglementaire ou ne saluent pas les officiers français ou leurs propres gradées. Mais ces jeunes femmes, en attendant de participer aux futurs débarquements, voudraient servir plus militairement là où elles sont la plupart du temps cantonnées à des fonctions de dactylos, de secrétaires, de plantons et de conductrices.

Tereska Torrès, pour sa part, réussit à intégrer le BCRA (Bureau central de renseignements et d'action) qui est l'organe directeur des services spéciaux de la France libre et où sont notamment décidées et organisées les missions secrètes en France occupée. Tereska est promue sous-lieutenant en avril 1944. Elle se marie à Londres, le 24 mai 1944. Hélas son mari, engagé dans les combats de la 2e DB, sera tué le 9 octobre de la même année.

À partir de 1943, les FFL féminines voient leur corps se spécialiser. Le « Corps des volontaires françaises » initialement constitué devient la section féminine de l'armée de terre, tandis que le « Corps féminin de la flotte » voit le jour sur les bords de la Tamise. Celles qu'on n'appellera bientôt plus que les « Marinettes », en dépit d'une interdiction du règlement jugeant ce diminutif trop familier, ont un uniforme identique à celui des Wrens britanniques. En mars 1943 sont créées les « Auxiliaires féminines de l'air » (FFA) à partir d'un petit noyau constitué en mai 1941 sous le nom de « Filles de l'air ».

Après le débarquement des Alliés en Afrique du Nord, le 8 novembre 1942, les FFA sont bientôt 1 500 en Afrique du Nord où elles ont pu enregistrer de nombreux engagements. Les Marinettes voient ainsi leurs effectifs croître et, rapidement, elles servent dans tous les ports, de Casablanca à Bizerte, elles aussi toutefois hors de tout poste embarqué. Quant à la section féminine de l'armée de terre, elle devient par décret du 11 janvier 1944 l'Afat (Auxiliaires féminines de l'armée de terre).

D'autres corps sont nés en Afrique du Nord. En décembre 1942 sont créées les « Sections féminines de conductrices automobiles ». Puis, à l'initiative du colonel Merlin, un « Corps féminin des transmissions » sur lequel il veille si jalousement qu'on appelle ces volontaires les « Merlinettes » – nom auquel ces dernières se montrent très attachées. Les unes comme les autres, à la différence des FFL féminines et de ses dérivés de la marine et de l'air, sont considérées comme des personnels civils alors qu'elles sont astreintes à la discipline militaire et au port de l'uniforme. Ainsi les Merlinettes, qui sont au nombre de 1 100 en avril 1944, sont dotées, faute d'un uniforme spécifique, de celui des Wac. À défaut d'une coupe de cheveux militaire, elles doivent enfermer leurs mèches rebelles dans une résille. De son côté, l'épouse du général

Catroux, ancienne infirmière-chef de la Croix-Rouge en 1918 « bombardée » inspectrice générale du personnel féminin de l'armée, leur interdit le port du pantalon en ville, les réunions dansantes et les invitations dans les popotes et les mess masculins.

Toutes ces auxiliaires féminines, aux statuts et aux missions si dissemblables, constituent en tout cas un apport important pour une armée française qui lutte alors en Tunisie et bientôt en Italie aux côtés des Alliés. Le commissaire national à la Guerre, Le Troquer, le souligne le 20 mars 1944 devant l'Assemblée consultative provisoire d'Alger : « On a pu se demander si la mobilisation des femmes était utile. Incontestablement oui. Nous avons besoin immédiatement de 6 000 femmes... »

La plupart d'entre elles vont faire les campagnes de Tunisie, d'Italie et de France, c'est-à-dire être dans les zones de combat mais toujours sans armes, à preuve de leur statut d'auxiliaires. Un détachement de Merlinettes débarquant en Provence le 16 août 1944 connaîtra une curieuse dérogation à cette règle. Dans la confusion du débarquement de la veille, on n'a pu leur donner pour leur première nuit en France qu'une grange hors de tout secteur militaire gardé. Alors on leur a distribué quelques grenades pour se protéger de toute attaque de l'ennemi mais aussi des hommes.

Souris grises

C'est paradoxalement dans le camp de l'Axe que l'uniforme au féminin fait le moins recette. Au Japon, il n'y a aucune femme dans les armées, même à titre d'auxiliaire. Quant à l'Allemagne de Hitler, elle a bien du mal à recruter celles qu'on va bientôt surnommer en France, du fait de la couleur de leur uniforme, les « souris grises ». Dans le

Reich comme dans les démocraties anglo-saxonnes, il n'est pas question en tout cas de femme combattant au front. En revanche, le recrutement d'auxiliaires militaires féminines est tout aussi vital, à deux réserves près : comme pour l'effort de guerre économique, le Reich est pris au propre piège de ses contradictions et ne voudrait finalement voir la femme qu'à la maison. Les soldats allemands au front pensent de même. Sinon, se demandent-ils, à quoi sert leur sacrifice ? Ceci portant cela, la propagande fait infiniment moins d'efforts que celle des Alliés, omniprésente, et les jeunes Allemandes ne se bousculent pas dans les bureaux de recrutement, ni au début de la guerre et moins encore à partir de 1943 quand il apparaît clairement à la population que le Reich ne vaincra pas.

Au début de la guerre et à la veille de celle-ci, la théorie du *Blitzkrieg* et d'un conflit nécessairement court ne va pas non plus dans le sens d'une importante mobilisation féminine dans les armées. À ceci s'ajoute l'indécrottable misogynie des nazis. Ainsi, quand la nouvelle *Wehrmacht* est créée, une directive secrète de 1937 précise que « les femmes ne doivent pas être employées à des travaux qui exigent une présence d'esprit particulière, de la décision et de la rapidité d'exécution. On ne doit pas, en général, confier aux femmes des travaux exigeant une compréhension technique particulière. » Mais, ajoute la directive, magnanime, il y a des exceptions. L'Allemagne de Hitler, qui n'est pas à une contradiction près, stipulait pourtant dans sa loi de défense du 21 mai 1935 « qu'en temps de guerre, tout homme allemand, toute femme allemande est tenu, par-delà le service militaire, de se mettre au service de la patrie ».

Il est néanmoins créé des auxiliaires féminines dans les différentes armes, avec ce point commun qu'elles ont toutes un statut civil. Il n'est pas question d'en faire des militaires, comme s'en explique avec une grande clarté le feld-maréchal Keitel dans sa directive du 8 février 1942 : « Les mesures nécessaires à la réalisation de l'assistance doivent être adaptées à la condition féminine et ne doivent en aucun cas conduire à une militarisation particulièrement inimaginable dans le domaine de la *Wehrmacht*. La femme soldat ne cadre pas avec notre conception nationale-socialiste de la féminité. » Ceci n'empêche pas ces auxiliaires d'être strictement soumises à la dure discipline de la *Wehrmacht*, y compris au Code pénal militaire.

On trouve d'abord les auxiliaires féminines d'état-major, employées comme secrétaires, comptables, interprètes dans les pays occupés. Elles sont en uniforme mais n'ont pas de grade et sont directement rattachées au commandement militaire qui les emploie. Une *Führerin* a cependant compétence pour régler les questions mettant en cause ces auxiliaires.

Un autre groupe particulièrement important est constitué par les auxiliaires féminines des transmissions. De nombreuses jeunes filles, d'abord requises pour le Service national du travail (RAD), y sont autoritairement affectées.

La *Luftwaffe* recrute également des auxiliaires féminines employées dans les transmissions, la météo, le contrôle aérien, les services de santé. D'autres sont employées dans les batteries antiaériennes (Flak) autour des villes, des centres industriels et des aérodromes militaires. Certes elles ne font pas le service du canon mais subissent exactement les mêmes pertes que leurs compagnons masculins lors des attaques aériennes. Ce qui fera dire à l'une d'elles, volontaire malgré elle venue du RAD : « Ce n'était pas un service militaire auxiliaire mais bien un engagement sur le front dans le vrai sens du terme. »

La *Kriegsmarine* a aussi ses auxiliaires féminines mais en nombre infiniment moindre que dans la *Luftwaffe*, laquelle, en 1945, emploie près de 100 000 jeunes femmes toujours avec une importante proportion venue du RAD. La SS a aussi ses auxiliaires féminines, à commencer par celles qui gardent les camps de concentration et qui, elles, sont d'authentiques volontaires. Elles seront près de 5 000.

À la fin de la guerre, la machine de guerre nazie s'emballe et le Reich se décide, mais trop tard, à mobiliser massivement ses femmes ou plutôt à essayer. Le 12 février 1945, Martin Bormann publie un décret mobilisant les femmes allemandes dans le *Wolkssturm* où jusqu'alors elles ne figuraient que comme volontaires. Le même mois, Hitler a approuvé la constitution d'un bataillon féminin de la *Wehrmacht*. De même le mois suivant, une directive du Führer, tout en rappelant qu'« il ne faut pas, de façon générale, recruter de femmes ni de jeunes filles pour utiliser des armes à feu dans le combat contre l'ennemi », énumère des exceptions. Les femmes et les jeunes filles volontaires peuvent désormais se protéger personnellement avec des armes à feu manuelles. Parmi celles-ci… le *Panzerfaust* (un lance-roquettes !).

Au front

LES COMBATTANTES SOVIÉTIQUES

Quand l'URSS est envahie par l'Allemagne nazie et que se pose d'emblée la question de sa survie, celle de la mobilisation des femmes, elle, ne fait pas problème comme dans les démocraties, ni d'une autre façon comme dans les États de l'Axe. Le principe révolutionnaire et politique de l'égalité de la femme dans ses droits et ses devoirs ayant été affirmé par la révolution bolchevique, il ne s'agit que de le réactiver si d'aventure on avait commencé à l'oublier.

Cette mobilisation des femmes dans l'URSS en guerre a été tellement massive, dans l'effort de guerre comme dans le combat, tellement évidente, qu'à la différence des pays démocratiques, elle n'a pas fait l'objet d'une intense propagande ni même d'une abondante historiographie après la guerre (ce qui est tout de même curieux). De ce fait, il est moins facile d'en percevoir et d'en apprécier le caractère massif, à commencer par les auxiliaires féminines des armées qui ont été partout et n'ont pas eu besoin pour ce faire de se structurer en organisations spécifiques avec autant d'uniformes et de statuts particuliers.

Depuis 1925, les jeunes filles soviétiques suivent une formation ou plutôt un « enregistrement militaire » établissant un livret militaire qui consigne tous les renseignements nécessaires à une éventuelle réquisition en cas de conflit. Toutes les femmes, entre 18 et 40 ans pour les simples soldats et entre 18 et 45 ans pour les officiers, jugées « bonnes pour le service », étaient concernées et constituaient la « réserve militaire ». Les autres pouvaient d'ailleurs être réquisitionnées dans la « réserve de main-d'œuvre ». Un journaliste français, emporté par un effroi anticommuniste, évoqua 5 millions « d'amazones modernes qui n'ont plus à se brûler le sein pour tirer à l'arc ». Décidément en verve, ce journaliste de *Paris-Midi* concluait : « Que peut faire l'Europe sinon demander à nos douces compagnes européennes d'en faire autant pour opposer le nombre civilisé au nombre sauvage ? »

Tout à fait légalement et sans révolution dans les esprits, la conscription générale féminine est décrétée en mars 1942. Dès avant cette date, mais en nombre de plus en plus important au fur et à mesure que vont croître les effroyables pertes militaires de l'URSS, les femmes ont intégré l'Armée rouge. Elles en ont d'une part été massivement les auxiliaires,

500 000 au bas mot, peut-être un million à la fin de la guerre. On les trouve partout, principalement dans les services de santé ou dans les transmissions, ou encore dans une spécialité qui va devenir typiquement soviétique et employer des milliers de femmes : le service de régulation routière. À la différence des autres pays en guerre, ces « auxiliaires » peuvent fort bien aussi être médecins militaires, ingénieurs ou directrices d'hôpitaux.

Mais l'autre différence, la plus importante, c'est que des dizaines de milliers de femmes soviétiques, loin d'être « interdites de front », sont souvent en première ligne. Parfois la frontière entre le front et l'auxiliariat est imprécise. Ainsi toutes les femmes jeunes et âgées qui défendent Leningrad assiégé de septembre 1941 à janvier 1944, creusant à la pelle et à la pioche 600 km de fossés anti-chars sous les obus de l'assaillant allemand, sont-elles des civiles, des auxiliaires militaires ou des combattantes ? Ces distinctions, typiquement occidentales, ne font pas partie de l'univers mental et sémantique de la Grande Guerre patriotique. Ces femmes sont avant tout, comme doit l'être tout citoyen soviétique, des combattantes, et celles qui travaillent dans les usines de munitions de Leningrad, ou encore celles plus âgées qui, dans une ville qui va compter près d'un million de morts de faim, cultivent collectivement des légumes dans les moindres recoins de la ville, sont toutes des combattantes.

Cette psychologie collective fait qu'il n'est pas choquant comme en Occident qu'une femme soit dotée d'une arme et s'en serve. Déjà en 1917 un « bataillon de la mort » féminin avait été créé à l'initiative de Maria Leontief Bochkareva, engagée dans les armées du tsar pendant la Grande Guerre, blessée et décorée. Ce bataillon d'environ 300 femmes, au crâne entièrement rasé, aurait combattu courageusement contre les Allemands mais au prix de lourdes pertes sans que l'on sache d'ailleurs exactement où et quand, les sources étant fragiles. Détail intéressant, de nombreux combattants, il est vrai très démoralisés, auraient vu dans ces femmes non pas un encouragement à combattre mais la preuve que la situation était militairement désespérée et qu'ils avaient failli dans leurs devoirs d'hommes.

Quand les nazis (les Russes disent «les fascistes») envahissent une grande partie du territoire et commencent à massacrer les habitants par milliers, les femmes soviétiques sont prêtes à combattre. Elles vont rapidement faire leurs preuves, forçant bientôt l'admiration d'hommes toujours réticents à voir les femmes au front, fût-il soviétique. Maria Ivanova Morozova est l'une d'elles. Cette kolkhozienne de 18 ans, aux longues nattes blondes, a suivi dès le début de la guerre, comme volontaire, une instruction militaire poussée, dont l'entraînement au tir. Chaque village, chaque kolkhoze a en effet été instamment invité à fournir son lot de filles alors que tous les hommes sont déjà au front. Maria, en dépit de l'opposition du président du kolkhoze et après en avoir appelé au Comité central du Komsomol, s'engage avec une quarantaine de compagnes pour la défense de Moscou. La voici incorporée à l'Armée rouge et revêtue d'un uniforme d'homme trop grand pour elle. Adieu les belles tresses blondes. Ses notes de tir étant bonnes, elle suit les cours d'une école de tir réservée aux femmes. Avec de nombreuses jeunes filles soviétiques, Maria se retrouve tireuse d'élite.

On l'envoie aussitôt au front mais le colonel de son régiment ne sait pas quoi en faire, et Maria doit de nouveau insister pour obtenir un poste de combat. Elle confiera après la guerre à quel point il lui fut difficile de tuer son premier Allemand, un officier qu'elle a tenu longtemps au bout de sa lunette de visée avant d'appuyer sur la détente. Et puis, progressivement, elle est devenue un soldat capable de rester

12 heures en embuscade, couchée dans la neige ou perchée dans un arbre à attendre sa cible. Progressivement aussi, le colonel a constaté, «non sans étonnement», que ses tireuses d'élite avaient de meilleurs «scores» que les hommes, qu'elles étaient aussi infiniment plus inventives et efficaces dans l'art du camouflage, totalement inséparable de la fonction de tireur d'élite. À la fin de la guerre, le sous-lieutenant Pavlitchenko, tireuse d'élite de la 25e division d'infanterie Tchapaïev, aura tué à elle seule 300 Allemands.

Ce sont de véritables duels avec les «snipers» d'en face où la moindre erreur coûte la vie. Sacha Chliakhova est tuée à cause de son écharpe rouge dont elle avait fait son fétiche mais que le tireur allemand avait repérée. Klavdia Drigorievna Krokhiva est une autre de ces tireuses d'élite. Elle raconte qu'elle fondit en sanglots après avoir abattu sa première cible. «Puis ça m'a passé (...) je suis rentrée de la guerre avec les cheveux blancs. J'avais 21 ans et la tête chenue comme celle d'une vieille femme.»

La mort est souvent là, même si ces jeunes femmes se refusent parfois à le croire, comme cet agent de liaison blessée à mort qui, avant d'expirer, dit en souriant à ses compagnes: «Ce n'est pas possible. Je vais vraiment mourir?» Cette mort des femmes fait problème pour les officiers. Certes les hommes sont souvent métamorphosés à la vue de ces combattantes, s'émerveillant avec une âme toute russe d'entendre enfin une voix féminine. Mais à l'inverse, ces mêmes hommes sont complètement démoralisés lorsque l'une d'entre elles est tuée. Les officiers en sont conscients, ainsi que le haut commandement qui, lorsque c'est possible, préfère constituer des bataillons entièrement féminins. En 1943, un bataillon exclusivement féminin, sous-officiers et officiers compris, a pour tâche de déminer les territoires reconquis. Les pertes sont si terribles qu'au bout d'un certain temps, celles qui ont survécu sont mutées comme infirmières au front, c'est-à-dire avec des risques à peine moindres.

Les femmes soviétiques occupent en fait à peu près tous les postes de combat des hommes. Elles constituent même, cas tout à fait unique de la guerre, trois régiments d'aviation féminins, de la mécanicienne à la pilote de bombardier ou de chasseur. L'une d'elles, Marina Tchetchneva, l'une des vingt-trois femmes pilotes faites héros de l'Union soviétique, déclarera : « Les femmes ont voulu prouver que, dans cette période très difficile de l'histoire du pays, elles savaient se battre aussi bien que les hommes. »

Ces femmes soviétiques en première ligne s'emploient néanmoins, au prix d'incessants efforts et parfois de ruses inouïes, à continuer à être des femmes. Il s'agit d'abord, et ce n'est pas simple quand on est au front, de rester propres. Beaucoup d'hommes y ont renoncé depuis longtemps. Pas les femmes. À cette question d'hygiène traditionnellement plus grande chez les femmes, explique Olga Vassilievna, s'ajoutait une question de coquetterie devant la mort : « J'avais très peur, si j'étais tuée, d'avoir l'air moche, étendue par terre... J'avais vu beaucoup de jeunes filles tuées, gisant dans la boue, dans la flotte. » Mais il s'agit aussi de rester une femme. Telle jeune femme a caché ses boucles d'oreilles. Telle autre se met discrètement du rouge à lèvres, toutes choses strictement interdites par le règlement. Des histoires d'amour s'ébauchent d'autant plus que, pour beaucoup de ces jeunes filles rattrapées par la guerre, c'est la première. La majorité des combattantes toutefois désapprouvent ces liaisons forcément éphémères. De plus, ces aventures valent aux filles et aux femmes qui s'y abandonnent l'étiquette péjorative d'« épouses de campagne ». Bref, une nouvelle fois, ce qui est un titre de fierté pour les hommes devient un terme de mépris pour les femmes.

Si l'on se garde d'oublier les Chinoises de l'armée révolutionnaire de Mao (avec les mêmes ressorts idéologiques que ceux de l'URSS), allié à Tchang contre l'envahisseur japonais, les combattantes soviétiques ont constitué une exception de taille dans l'histoire de la Seconde Guerre mondiale. Partout ailleurs, les États n'ont pas voulu envoyer leurs femmes à la mort, de façon en tout cas reconnue et réglementaire, c'est-à-dire sous l'uniforme. Un épisode traduit bien cet état d'esprit général : nous sommes en Turquie au début de la guerre, dans un pays qui ne sait pas encore s'il va pouvoir rester neutre (en fait la Turquie le restera pratiquement jusqu'à la fin du conflit). Sabiha Gökçen, la fille adoptive de Mustafa Kemal, l'Ataturk, est pilote et milite, au nom de la modernité du jeune État turc et de l'égalité des femmes, pour que celles-ci aient le droit d'intégrer l'aviation militaire. Le maréchal Çakmak, chef de l'état-major de l'armée, lui répond alors : « Je ne puis accepter ceci. Une nation peut être décimée en grande partie, mais si les femmes restent en vie, elle peut renaître ; c'est la raison pour laquelle je ne veux pas que les femmes entrent dans l'armée. »

Pour être peu connue, cette réponse a l'intérêt de formuler ce que finalement le corps social ressent implicitement. Voilà bien la raison profonde, recoupant l'ancestrale division des sexes, qui fait dire aux États engagés dans la guerre, jusques et y compris l'Allemagne de Hitler : « Les femmes n'appuient pas sur la gâchette. »

Ceci, toutefois, n'a pas empêché nombre d'auxiliaires féminines aux armées de se trouver au front sous le feu de l'ennemi. Les Wac américaines qui suivent les armées en opérations peuvent de ce fait se trouver à tout moment « *under fire*». 2 000 d'entre elles vont en Afrique du Nord et 8 000 en Europe. Les premières unités de Wac débarquent en Normandie à J+38 alors que la bataille de Normandie est loin d'être terminée. D'autres, toujours des volontaires, sont envoyées dans le Pacifique. Leurs conditions de vie sont comparables à celles des GI's – ce qui leur vaut le surnom de « *GI Jane* », par opposition à « *GI Joe* ». Peut-être aussi parce que Jane est la compagne de Tarzan ?

Des auxiliaires françaises ont été aussi sur le front, comme les « Rochambelles ». L'histoire de Marguerite Marchandeau en est un bel exemple. Mariée en 1938 à 18 ans, son mari fait prisonnier en 1940, elle intègre d'abord la Résistance puis, via l'Espagne, les FFL au Maroc. Elle s'engage le 18 janvier 1944 dans le groupe Rochambeau (du nom du Français commandant le corps expéditionnaire français aux États-Unis en 1780) qui arrive tout droit de ce pays avec quinze ambulancières sous la conduite de l'intrépide Florence Conrad, Américaine de souche française et déjà ambulancière lors de la Grande Guerre. Le groupe Rochambeau s'intègre non sans mal à la 2e DB de Leclerc. Voici les Rochambelles, melting-pot social entre le noyau américain très haut bourgeois, voire noble (il y a même la princesse de Bourbon-Parme), et les recrues « prolétaires » parfois issues, comme Marguerite, de la Résistance.

Les Rochambelles débarquent à Utah Beach avec la 2e DB le 1er août 1944 et se retrouvent aussitôt engagées dans les combats de la bataille de Normandie. À Mortain, le 7 août, une première Rochambelle est gravement blessée. Ce sont des ambulancières mais elles doivent aller secourir les blessés sous le feu de l'ennemi et leur prodiguer les premiers soins : « Notre rôle consistait à donner les indispensables premiers soins sur place. Nous avions été formées pour cela. De notre rapidité à poser un garrot pour arrêter une hémorragie dépendait la survie du blessé. Faire un pansement compressif, mettre une attelle sur un membre cassé ou injecter de la morphine quand la douleur des gars était trop insoutenable, tout cela nous devions le faire très vite, au mépris du danger quand les bombes explosaient juste à côté (...) Pour les soldats blessés, notre présence était d'un grand réconfort. Même si nous ne leur prodiguions aucun soin pendant le trajet, nous pouvions leur parler, tout simplement, ou leur tenir la main pour les apaiser. »

Le parcours d'Éliane Brault n'a pas été simple non plus. Ce haut fonctionnaire de la justice a rejoint en 1940 la Résistance avec ses trois fils. Arrêtée, évadée, elle s'enfuit à Londres où elle s'engage dans les FFL. Elle évoque dans ses souvenirs, parfois cruels, le « jeu de l'oie » de la France libre à Londres. Elle parle aussi de sa propre « bataille de Londres », au terme de laquelle elle réussit à échapper à des charges administratives pour aller constituer à Brazzaville un groupe de vingt-cinq assistantes sociales et infirmières dont elle est le capitaine. Ses aventures ne s'arrêtent pas là. La voici au Moyen-Orient où elle aussi fait la connaissance de la terrible épouse du général Catroux, surnommée « la reine Margot ». Elle accompagne en Russie les premières pilotes de l'escadrille *Normandie-Niémen*. En avril 1944, on la trouve en AFN (Afrique française du Nord) où elle commande une unité « Liaison-Secours » avant d'intégrer la 1re armée française. Ce sera tout sauf une promenade de santé : la dure campagne d'Alsace (où elle est citée à l'ordre du régiment), l'Allemagne et aussi un ennemi inattendu, les hommes, auprès de qui il faut se faire accepter en tant que femme. Éliane Brault devra même recourir à l'arbitrage du général de Lattre de Tassigny.

Infirmières militaires

S'il est un uniforme que la femme revêt traditionnellement en temps de guerre, c'est bien celui d'infirmière. Religieuses ou civiles, ces femmes avaient déjà conquis leurs lettres de noblesse pendant la Grande Guerre, apportant dans tout ce sang et toute cette horreur la pieuse image de la douceur et de la compassion. Toutefois, les infirmières de la Grande Guerre ne sont pas en avant des lignes, où seuls sont les brancardiers, qui subissent d'ailleurs de lourdes pertes. Elles sont en arrière du front, dont le tracé est presque toujours délimité, permettant aux « hôpitaux » de campagne de fonctionner au plus près des premières lignes sans être sous le feu de l'ennemi.

Avec la Seconde Guerre mondiale, il n'y a plus, sauf exception, de ligne de front régulière et nettement circonscrite. La guerre est partout, et partout il faut secourir les blessés, les civils venant souvent s'ajouter aux militaires. De ce fait, tout en étant l'antithèse même de la combattante, ces infirmières, sauf bien sûr à remplir leurs fonctions dans des hôpitaux loin des zones de combat, ont été très souvent impliquées dans les combats.

Soviétiques

Les infirmières soviétiques, pas plus que leurs sœurs soldats, ne sauraient être exemptées des risques des combats. On les voit, très en avant des lignes, secourir les blessés jusque sous le feu de l'ennemi. Certaines d'entre elles ont un statut (et une formation) à mi-chemin entre l'infirmière et le médecin, ce qui leur permet de prodiguer des premiers soins sur place, sans attendre une évacuation souvent aléatoire, voire impossible. Chez ces « docteurs de la compagnie » qu'on appelle aussi les « soldats de la vie », il y a presque autant de femmes que d'hommes. Vera Kachtchevka est l'une d'elles, qui sera décorée à ce titre, comme aussi Ludmila Kravets, sergent-chef infirmière, à preuve avec ce grade que dans la Grande Guerre patriotique les infirmières sont considérées comme membres à part entière de l'Armée rouge, c'est-à-dire comme des combattantes.

Les témoignages de ces femmes sont terribles et traduisent parfaitement l'horreur des combats. Sofia Konstantinovna Doubniakova, sergent-chef, est brancardière : « Je me souviens de mon premier blessé. De son visage. Il avait une fracture ouverte : la tête du fémur était brisée. Vous n'imaginez pas l'effet d'un éclat d'obus : un os qui saille hors des chairs et de la bouillie autour. Je savais en théorie ce qu'il fallait faire, mais lorsque j'ai rampé jusqu'à lui et que j'ai vu tout ça, j'ai eu un haut-le-cœur. Et puis soudain j'entends : "Vas-y, frangine, avale donc un coup de gnôle !" C'était le blessé qui me parlait. Il avait pitié de moi. »

« Le plus insupportable pour moi, confie de son côté l'infirmière Maria Silvestrovna Bojok, c'étaient les amputations… Souvent on amputait si haut que, lorsque la jambe était coupée, j'étais à peine capable de la soulever pour la déposer dans le bac. » Une autre femme, Vera Iossifovna Khoreva, chirurgien militaire, explique qu'elle opérait, anesthésiait, pansait et même alimentait les blessés, mais qu'elle ne pouvait se résoudre à la visite du soir. Là « il faut parler aux malades, demander comment ils se sentent. Et ça, c'était au-dessus de mes forces. J'avais d'emblée averti le commissaire politique. » Cette femme chirurgien, qui à un certain moment refusera de soigner des blessés allemands parce que ses deux frères ont été tués, aura cette phrase terrible : « La guerre touchait à sa fin… Il fallait réapprendre à avoir pitié. »

En Grande-Bretagne, un *First Aid Nursing Yeananny*, créé dès la fin du XIXe siècle, avait fonctionné pendant la Grande Guerre et s'était maintenu au-delà avec des engagées volontaires formant un noyau d'active. La Seconde Guerre mondiale venue, ces «regular nurses» voient leurs effectifs renforcés par des infirmières réservistes. Mais, comme la Grande-Bretagne en a la tradition, pour ne pas dire la manie, il existe de nombreux autres corps d'infirmières militaires, qu'il s'agisse du *Queen Alexandra's Royal Naval Nursing Service*, du *Queen Alexandra's Imperial Military Nursing Service* ou encore du *Princess Mary's Royal Air Force Nursing Service*. Ces corps ont des traditions et des statuts différents mais confèrent tous à ces infirmières le grade d'officier ou à tout le moins son équivalence. Chez les infirmières de la RAF, la «matrone en chef» a même le rang prestigieux d'*Air Commodore*. Quant aux premières femmes médecins, elles font leur apparition dans les corps féminins auxiliaires des trois armes, exerçant comme les infirmières dans les hôpitaux militaires ou dans les unités médicales avancées et mobiles des fronts successifs.

Les infirmières canadiennes sont intégrées pour leur part dans le «Corps royal de santé de l'armée canadienne» qui, en septembre 1939, ne compte que onze infirmières. Elles sont plus de 4500 en 1945, servant en métropole mais le plus souvent «outre-mer» et d'abord en Grande-Bretagne dès juin 1940. On les retrouve ensuite en Afrique du Nord, en Italie et en France dans les hôpitaux de campagne. Elles subissent de ce fait des pertes ou encore peuvent se retrouver prisonnières, comme Kathleen G. Christie, de Toronto, et Anna May Waters, de Winnipeg, toutes deux faisant partie du personnel médical accompagnant en octobre 1941 le contingent de 2000 soldats canadiens envoyés en renfort à Hong Kong. La colonie britannique est conquise par les Japonais en décembre, et nos deux infirmières internées dans un camp de prisonniers jusqu'en septembre 1943.

Harriet Sloan, elle, débarque en Normandie le 19 juillet 1944 dans le port artificiel d'Arromanches. Après un temps d'emploi comme infirmière civile, l'armée ne voulant pas d'elle, elle a pu enfin s'engager et obtenir une affectation comme sous-lieutenant dans un hôpital canadien de Liverpool. La voici donc en Normandie, près de Bayeux, où elle exerce ses fonctions dans un hôpital militaire de 600 lits. Les services sont de 12 heures, pendant lesquelles, jour et nuit, arrivent des convois de blessés et de malades. Dès que leur état le permet, des avions Dakota les conduisent dans des hôpitaux de Grande-Bretagne.

Nouvel hôpital de campagne près de Rouen, et un autre encore au début de l'hiver 1944 à Anvers sous les tirs de V2, avec un cantonnement que viennent juste de quitter les Allemands. « Partout où nous sommes passées, raconte Harriet, nous avons laissé derrière nous un petit cimetière. » Le début de l'année 1945 voit Harriet et son bataillon médical arriver sur le Rhin. « Pendant la période de 33 jours ayant débuté le 7 février, l'hôpital a effectué 1 600 interventions chirurgicales et a reçu, traité et évacué plus de 18000 blessés. »

Les infirmières militaires américaines sont elles aussi présentes en grand nombre : 57 000 dans l'US Army, 11 000 dans l'US Navy, notamment à bord de navires-hôpitaux. Elles accompagnent les troupes américaines sur tous les théâtres d'opérations, y compris le Pacifique où elles sont tellement au contact des combats qu'elles subissent un entraînement défensif et reçoivent le même paquetage que celui des Gi's. À partir d'avril 1943, l'armée de terre et la Navy recrutent, toujours pour la durée de la guerre plus six mois, des femmes médecins, radiologues, dentistes et même des diététiciennes.

Françaises

Les infirmières françaises, quant à elles, ont un statut plus composite (on n'ose ajouter à propos de la France : une fois de plus !). Certes elles servent d'abord classiquement, à l'exemple de leurs homologues des autres pays. Ainsi les infirmières des FFA (Auxiliaires féminines de l'air) qui servent à l'ambulance médico chirurgicale n° 401 suivent le front en Corse, dans le midi de la France, en Alsace et en Allemagne, soignant les blessés de l'armée de l'air mais aussi de l'armée de terre. Du 8 décembre 1944 au 6 janvier 1945, elles sont à Strasbourg lors de la contre-offensive allemande qui les oblige, malgré leur refus, à quitter la ville. Elles accompagnent, toujours en première ligne, la 1re armée française en Allemagne, assurant en avril 1945 le traitement et l'évacuation de près de 2000 blessés, ce qui leur vaudra une citation à l'ordre de l'armée.

Elles assurent aussi des missions moins classiques, tournées notamment vers la détresse des civils. Anne Jacques raconte que, chargée d'une mission de la Croix-Rouge (donc hors du statut militaire), elle a eu le choix à la fin de 1944 entre les trois grandes régions sinistrées de France que sont la Normandie, l'Alsace et la Lorraine. Elle a choisi la Lorraine où rapidement son emploi consistera à assurer un très gros travail de secours dans des villages totalement détruits. Il faut habiller des civils qui manquent de tout, mais avec de maigres stocks. Alors on dit sans plaisanter : « Pour les bébés, c'est une brassière, ou un bonnet ou un drap. (...) On voit les mains qui ont froid, tendues vers les lainages, un moment hésiter (...) Les chaussures manquent naturellement plus que tout. Pour la première fois, je vois des enfants porter de vieilles bottes de soldats où leurs pieds nus s'écorchent...»

À celui-ci qui a retrouvé son cheval, il manque une carriole. À cet autre, il faut un logement, ainsi qu'à ses trois enfants. Pas dans un mois, cette nuit. Leur maison vient de s'écrouler. Ailleurs, un taudis où la maîtresse de maison a... 9 ans. Elle semble très bien se débrouiller mais, même en temps de guerre, comment accepter qu'une enfant ait déjà un statut de femme? Cafard devant toute cette misère digne. Le métier d'infirmière est devenu tout naturellement une mission d'assistante sociale et même lorsque celle-ci n'a rien dans les mains, la chaleur humaine qu'elle apporte est encore quelque chose. Raison de plus pour ne pas se laisser aller au découragement.

Prenant en compte cette dimension sociale, des équipes mixtes FFL sont formées dès le départ, comme ce groupe féminin, composé de 24 infirmières, assistantes sociales et secouristes, qui décolle d'Alger pour la France après le débarquement de Provence. Rejointes par une équipe de 25 médecins, ces femmes sont mises à la disposition du 1er RCP (régiment de chasseurs parachutistes) et l'accompagnent dans la dure campagne d'Alsace. Il faut s'occuper des blessés, prévenir les familles des tués mais aussi secourir les réfugiés. Le statut de l'assistante sociale responsable du groupe est lui aussi composite: «J'étais arrivée avec mes deux galons de lieutenant (...) Où loger une femme à deux galons? Où l'asseoir à la popote? Comment l'admettre au rapport confidentiel et quotidien du colonel réservé à ses adjoints? Ainsi, d'accord avec mon colonel, qui était l'être le plus compréhensif que j'aie jamais connu, j'ôtai mes galons et devins simplement une femme habillée en militaire. Tout devenait facile. À table, seule femme, je présidais en face du colonel. Je devins chef du 5e bureau» (la direction des services de renseignements et de sécurité militaire! mais, il est vrai, au niveau d'un régiment).

Les infirmières françaises doivent souvent aussi, en fonction des besoins et des urgences, se muer en ambulancières (quand ce n'est pas le contraire, comme pour les Rochambelles). Elles doivent enfin mener une lutte d'une autre nature: se faire accepter par les hommes au sein d'une armée nouvellement reconstituée et qui a eu d'abord du mal elle-même à convaincre les Alliés de son rôle et de sa présence. Elles sont aux antipodes des *nurses* britanniques, sanglées dans leur uniforme pratiquement inchangé depuis les tranchées de la Somme et dont la première d'entre elles fut Florence Nightingale, qui, bravant les préjugés de son époque, se porta avec quarante femmes volontaires sur les champs de bataille de Crimée. C'était au milieu du XIXe siècle.

En fait, tous les pays en guerre ont leurs infirmières militaires. Le Reich a les siennes. On les trouve sur tous les fronts et dans toute l'Europe occupée. Elles portent le plus souvent l'uniforme de la Croix-Rouge (*Deutsches Rotes Kreuz*), mais une croix rouge dont l'insigne s'adorne de la croix gammée.

Le Japon aussi a les siennes, souvent à bord de vastes navires-hôpitaux. Il n'est pas même jusqu'à la courageuse Pologne qui, à partir de la Grande-Bretagne, a pu non seulement entraîner la 1re DB polonaise mais aussi fournir des contingents d'infirmières. Leur courage et leur moral élevé, sur le front italien par exemple, auront vite séduit les malades et les blessés.

Combattantes sans uniforme

Partisanes, maquisardes et insurgées

La guerre de partisans se conjugue elle aussi au féminin. Elle doit pour exister réunir à la fois des conditions de terrain (montagnes, vastes forêts) et des conditions idéologiques, reposant essentiellement sur les principes de la guerre révolutionnaire, ceux de l'insurrection civile sur les arrières de l'ennemi – et d'une insurrection civile comprenant les femmes.

Cette double condition n'est réunie que dans peu de pays : en Yougoslavie autour de Tito, en Grèce principalement autour de l'ELAS, en Chine avec Mao, en URSS enfin. Dans ce dernier pays, la guerre des partisans a pris une telle ampleur que de nombreuses divisions d'infanterie allemandes auront été accaparées par la seule contre-guérilla, ne parvenant que difficilement à assurer la sécurité de leurs lignes de communication et devant laisser dès le milieu de la guerre des régions entières aux mains des « terroristes » et autres « bandits communistes ».

Dans cette guerre d'une impitoyable cruauté dans chacun des deux camps, les femmes sont invitées, dès le début de l'invasion du pays, à suivre l'exemple de Sytschewka Wassilia Koschinoj, une paysanne insurgée contre les armées de Napoléon. Comme dans la guerre au front, les partisanes ne se contentent pas d'assurer, au fond des forêts ou au milieu des marécages, la subsistance, le gîte sans cesse déplacé, les soins aux malades et aux blessés. Elles se battent avec leurs compagnons, subissant les mêmes tortures lorsque d'aventure elles sont capturées vivantes.

Des villages entiers, soupçonnés de ravitailler les partisans, sont massacrés jusqu'au dernier. Le général soviétique Kovpak, qui exerce son commandement sur une vaste région de partisans, raconte, à propos de jeunes filles faisant partie d'un groupe de partisans, que « ce qu'elles ont vu à Novaya Sloboda où le sang coulait à flots les a littéralement stupéfaites. Jusque-là, nous avions essayé de ménager nos jeunes filles et nous ne les emmenions pas avec nous dans des opérations dangereuses, mais après cette boucherie de Novaya Sloboda, il nous a été impossible de les retenir... »

Combien de femmes ont ainsi servi dans les rangs des partisanes soviétiques ? Peut-être 200 000. Les rapports allemands ne cessent de les mentionner, s'offusquant souvent de leur présence. « Une femme de 22 ans qui servait comme infirmière dans un groupe de partisans a été arrêtée. Elle a déclaré qu'elle avait été désignée par son chef de groupe pour aller s'informer sur place du nombre de soldats allemands et d'hommes de la police auxiliaire cantonnés au village de M... » ; « Trois femmes russes ont été arrêtées, dont une mère et sa fille. Elles appartenaient à un groupe de partisans. Leur mission consistait à entrer en contact à Simferopol avec du personnel de liaison appartenant au groupe, de rapporter les résultats de leur espionnage, de régler certains comptes et de conduire des isolés dans les bois. Elles disposaient de 4 377 roubles et elles avaient caché dans certaine partie secrète de leur individu plusieurs morceaux de papier portant les noms des agents de liaison qu'elles devaient voir. »

Combien furent ainsi pendues après avoir été torturées ? Certaines ont laissé leur nom dans l'histoire de la Grande Guerre patriotique, telles Maria Melnikaïté, pendue en 1943 sans avoir parlé, ou Zoïa Kosmodemianskaia, pendue en décembre 1941 et faite Héros de l'Union soviétique. « Vous ne pourrez pas pendre les 190 millions que nous sommes », a-t-elle dit à ses bourreaux. Elle avait 18 ans.

Les partisanes tuent (« Chaque partisan doit abattre au moins cinq fascistes ou cinq traîtres », a décidé un groupe de Crimée), sabotent les voies ferrées, espionnent au sein des villes, servent d'agent de liaison. Cette dernière fonction est certainement l'une des plus dangereuses dans cette guerre à l'est où la vie d'un civil ne pèse rien, moins encore que celle d'un militaire. Maria Timofeïevna est l'un de ces agents indispensables aux approvisionnements et aux renseignements de son groupe. Elle a un bébé de 3 mois et chaque fois qu'elle doit franchir une zone contrôlée, elle le frotte de sel jusqu'à ce que sa peau soit à vif et qu'il ait de la fièvre. Le bébé hurle tandis qu'elle dissimule des médicaments, des bandes ou du sérum dans ses langes. Au passage des postes, Maria dit aux Allemands que son bébé tout rouge et toujours hurlant a la typhoïde. « *Weg! Weg!* » disent les soldats pressés de voir partir ce bébé contagieux. Quand elle est seule dans la forêt, elle hurle son désespoir et aussi sa haine contre l'occupant.

La haine de ces femmes contre les Allemands qui tuent leurs maris, leurs frères et leurs pères est incommensurable. Elle a commencé dès l'invasion de leurs villes et de leurs villages. L'une d'elles racontera ce que fut sa rage quand elle vit les troupes allemandes passer devant sa maison. « Et en plus ils riaient », ajoute-t-elle. Et Maria de conclure : « La guerre commence par la haine. »

Les « babouchkas » qui restent dans les villages sont totalement solidaires et apportent leur aide aux agents de liaison. Leur haine à l'égard des « fascistes » ne le cède en rien à celle de leurs cadettes. Leur courage et leur sacrifice aussi, comme lorsque cette femme déjà âgée doit assister à un horrible défilé. Deux partisans ont été capturés après avoir longtemps résisté à un assaut dans une grange que les Allemands ont dû incendier. Gravement brûlés, les deux prisonniers sont promenés dans tout le village sur une charrette. Tous les habitants sont tenus de regarder. Au moindre geste de reconnaissance, au moindre gémissement laissant deviner que les deux hommes sont connus, le village entier sera considéré comme complice. Sur le pas de leur porte, se tiennent beaucoup de vieilles femmes si promptes à pleurer d'habitude. Parmi elles, la mère de ces deux hommes qui, dans quelques minutes, vont être pendus. Personne ne bronche.

« Je ne sais pas pourquoi je pleure aujourd'hui, confie, à la journaliste et écrivaine Svetlana Alexievitch, Lioudmila Mikhaïlovna Kachetchkina, partisane arrêtée, torturée, évadée juste avant son exécution. À l'époque, je ne pleurais pas. »

Aucun autre pays en guerre ne lèvera une pareille armée de combattantes sans uniforme. D'autres cependant entretiennent la guérilla dans des maquis montagneux, où les femmes sont de nouveau présentes. En Yougoslavie, comme en Russie, la femme est considérée à l'égal de l'homme. « Nous étions, raconte l'une d'elles, dans notre guerre, des deux sexes, et les rapports hommes-femmes dans ce contexte étaient magnifiques. Je faisais partie des partisans les plus âgés puisque j'avais déjà 27 ans (...) mais, même parmi les plus jeunes, ça se passait bien. Elles avaient 16, 17, 18, 20 ans et les voyant dans nos rangs, si jeunes, je me posais parfois des questions. Comment vont-elles se débrouiller parmi les hommes, elles si jeunes, presque encore des enfants ? Mais j'avais tort de m'inquiéter. »

Les maquisardes grecques sont aussi dans les combats de leur pays contre l'agresseur nazi. Un rapport britannique relate qu'en Crète « beaucoup de femmes combattirent aux côtés des hommes. Après avoir occupé l'île, les Allemands examinèrent les femmes et exécutèrent toutes celles qui portaient sur leur épaule la marque du recul du fusil. Ils fusillèrent ainsi dix Crétoises sur la place publique d'Athènes.» Eleni Fourtouni, alors petite fille dans un village de montagne, se souvient des régiments de femmes qui passaient à l'aube. Elle se souvient de leurs retours, alors qu'elles transportaient mortes et blessées, ou encore des Allemands qui traînaient le corps de maquisardes exécutées dans les rues du village.

D'autres maquis, pour être moins connus, ne sont pas pour autant dépourvus de combattantes. Des milliers d'Italiennes participent à des attaques armées à partir de 1944, notamment en Émilie-Romagne où une brigade est entièrement composée de femmes. Leurs chefs, Germana Bordoni et Novella Albertazzi, ne sont que deux des 200 femmes commissaires, communistes pour la plupart, qui encadrent les groupes de «Volontaires de la Liberté». Une autre, Gina Borelli, perd une jambe dans un combat et sera député à l'Assemblée constituante au lendemain de la guerre. Ces femmes, loin de mener des combats d'arrière-garde, se battent contre des Allemands qui occupent encore solidement le nord de l'Italie. Ainsi, Nilde Iotti, qui n'a que 19 ans mais se bat dans le maquis depuis un an, est capturée au cours d'une mission de liaison au début de 1945 et déportée à Ravensbrück avec treize de ses compagnes de combat.

Il y a aussi un maquis communiste en Autriche, dans la Carinthie du Sud. De nombreuses femmes et jeunes filles ravitaillent les maquisards, parmi lesquels on trouve des déserteurs autrichiens de la *Wehrmacht*. Certaines de ces femmes combattent. 72 d'entre elles seront arrêtées; 15 seront condamnées à mort et exécutées.

En France, y compris dans les rangs communistes, les résistantes faisant le coup de feu dans les maquis sont très rares, d'abord parce que, comme pour le combat en uniforme, cette image heurte la sensibilité nationale. À cela s'ajoute que, de toute façon, l'action directe a été longtemps interdite en France par les Alliés et par de Gaulle.

Jeanne Bohec est l'une d'elles, qui s'est engagée dans les FFL féminines dès le début de la guerre et dont les connaissances en chimie l'ont d'abord fait affecter à un service fabriquant des engins de sabotage. Mais non contente de les fabriquer et d'en connaître ainsi tous les mécanismes, Jeanne veut s'en servir et postule pour le BCRA (Bureau central de renseignement, et d'action) et une mission en France. À force d'insister et d'intriguer, elle est enfin admise dans une école de sabotage, puis une autre de parachutage. Dans chacune d'elles, elle est la seule femme, et les combats qu'elle devra mener contre les hommes (non pas les Anglais mais les Français) pour se faire accepter ne seront pas les moindres. En mars 1944, Jeanne fait partie d'un parachutage BOA («Bloc opérations aériennes») dans le Morbihan. Sa mission consiste à servir d'instructeur dans le maniement des explosifs. À titre de démonstration et en attendant le feu vert pour le soulèvement du jour J, elle monte et dirige des sabotages de voies ferrées. Elle est dans le maquis Saint-Marcel, qui compte alors 2400 FFI, lorsque les Allemands attaquent celui-ci le 18 juin 1944. Après la dispersion de ce grand maquis breton, Jeanne poursuit son action dans le Finistère jusqu'à la libération de Quimper par les FFI, le 8 août. Elle recevra la croix de guerre avec palme, la médaille de la Résistance et la Légion d'honneur.

Élisabeth Torlet, engagée au Maroc en février 1943 avec sa sœur dans les FFL, est parachutée elle aussi par le BCRA avec un agent du SR et une autre Afat, dans la région d'Isle-sur-le-Doubs, le 30 août 1944, sur les arrières de l'ennemi, pour faciliter l'approche de la 1re armée française. Le 5 septembre, lors d'une liaison avec le maquis local, elle est capturée par les Allemands et abattue d'une balle dans la tête.

L'un de ces agents spéciaux au féminin parachutés au-dessus de la France est une Britannique. Son nom de guerre est Pauline. Cet agent du SOE (*Special Operations Executive*) a 29 ans lorsqu'elle saute sur la France dans la nuit du 22 au 23 septembre 1943. Sa mission est de renseigner Londres dans la plus totale clandestinité mais, après l'arrestation de son chef de réseau, elle crée elle-même un petit maquis dans la vallée du Cher, avec celui qui est devenu son compagnon et futur mari, Henri Cornioley. En juillet 1944, ce «petit maquis» est fort de 1 500 hommes qui ne connaissent qu'un chef: Pauline. Ceux qui ne l'ont jamais vue pensent, bien entendu, que c'est un nom de code, leur «patron» ne pouvant être qu'un homme.

Le même quiproquo sera savamment entretenu par Marie-Madeleine Fourcade quand il s'agira pour elle de prendre la tête d'un réseau national comptant, à la fin de la guerre, 3 000 membres dont 700 femmes, avec par conséquent sous ses ordres 2 300 hommes. Même chose encore pour Georgette Gérard, une Lorraine qui s'est très tôt préparée à la guerre contre les nazis. Elle entre dans la Résistance à Lyon puis intègre, à la fin de 1941, le mouvement Combat dont elle organise l'impression du célèbre journal tiré à 100 000 exemplaires. Arrêtée, relâchée mais désormais suspecte, elle est envoyée en Dordogne comme recruteur de l'AS (Armée secrète). Ce n'est pas facile, surtout pour une femme: «Pour inspirer confiance, je prétendais agir au nom d'un officier masculin.» Ceci ne l'empêche pas, après constitution, en janvier 1943, des MUR (Mouvements unis de Résistance), de devenir chef des maquis de sept départements, comptant, en novembre 1943, 5 000 maquisards répartis dans 120 camps, tous dans des forêts. Elle ne signe pas ses directives de son prénom mais d'un rassurant «commandant Gérard». Du coup, par coquetterie en quelque sorte, son principal adjoint, plus spécialement chargé des questions militaires, se fait appeler « Pierrette ».

Plus modestement mais tout aussi héroïquement, bien des femmes, à la fin de la guerre surtout, participent à des combats d'action directe ou officient dans des hôpitaux clandestins des maquis, n'ayant évidemment pas à attendre un quelconque statut médical en cas de capture. Certaines sont maquisardes pendant presque toute la guerre, telles Anne-Marie Bauer qui prépare dès 1942, au sein de Libération-Sud, les premiers parachutages en Lorrèze, ou Marie-Louise Le Duc, dite Madame X, maquisarde bretonne, trois fois arrêtée et trois fois évadée, que la presse américaine surnommera « la Jeanne d'Arc de la Bretagne ».

Prises ponctuellement, et, si on ose dire, par tradition historique, dans l'insurrection parisienne d'août 1944, les femmes peuvent paraître plus nombreuses, surtout si l'on s'arrête à la lecture des affiches FFI : « Femmes. Partout, vous êtes magnifiques de courage. Des femmes du XIIIe vont à l'assaut d'un camion allemand, dans le XIVe une militante de l'UFF tue un Boche à coups de revolver ; boulevard Raspail, une autre est tuée en collant une affiche du Front national. Tuez vous aussi des Boches. Continuez d'aider à construire des barricades. (...) Il y a des armes. Il y a celles de l'ennemi qu'il faut lui reprendre. Il y a celles que vous détenez toutes, car tout peut servir d'armes pour tuer les Boches. »

De « tueuses de Boches », il n'y en a eu en fait qu'une « homologuée ». Elle s'appelle Madeleine Riffaud. Le plus curieux est qu'elle a eu beaucoup de mal à entrer dans la Résistance. La voici tout de même à 19 ans dans les FTP après qu'elle a pu intégrer l'organisation en entrant en contact avec un agent communiste dans le sanatorium où elle était en convalescence. Elle a déjà participé à des actions de sabotage quand le colonel Fabien, responsable FTP pour l'Île-de-France, lance, au lendemain du Débarquement, le mot d'ordre «À chacun son Boche». C'est lui qui a abattu le 21 août 1941 un officier allemand à la station de métro Barbès-Rochechouart, mais, en cet été 1944, les Allemands évitent de sortir seuls dans Paris. Le 23 juillet 1944 pourtant, avant même que ne se déclenche l'insurrection parisienne, Madeleine arrive sur son vélo au pont de Solférino avec un revolver dans son sac. Sur le pont, un officier allemand qui regarde les pêcheurs à la ligne. Elle l'abat de deux balles dans la tête et s'enfuit sur sa bicyclette. Rattrapée par une voiture de la Gestapo, elle ne sera pas immédiatement exécutée parce qu'on ne veut pas croire qu'elle a commis un tel acte sans réseau. Torturée pendant près d'un mois, elle ne doit son salut qu'à l'insurrection parisienne qui commence le 19 août et lui ouvre les portes de sa cellule. Bien que mal en point, elle trouvera encore la force de rejoindre un groupe d'insurgés communistes dans les derniers combats de la capitale. Madeleine, 19 ans, dite «Rainer», aura plus tard, en racontant sa propre histoire, cette phrase: «À 20 ans, c'est fou ce qu'on sait mourir.»

Résistantes

L'historiographie de la Résistance, en France tout du moins, hésite aujourd'hui encore entre les deux extrêmes de la sous-estimation et de la surestimation. Autant il est facile en effet de quantifier les actions militaires, leur début et leur fin, leurs pertes, les événements qu'elles ont produits, autant le travail des historiens devient plus difficile pour les combattants de l'ombre. Combien furent-ils? Quel fut leur rôle exact? Combien pèse par exemple leur action dans le débarquement du 6 juin 1944? Et dans l'opposition au nazisme en Allemagne ou au fascisme en Italie ? Car il n'y eut pas de Résistance qu'en France, même si une tendance historiographique française certainement fâcheuse tend encore à la minimiser dans les autres pays d'Europe.

Dans cette opacité de l'histoire, les femmes de la Résistance ont été plus occultées encore que dans les autres chapitres de la Seconde Guerre mondiale, à commencer par celles qui ont porté l'uniforme, dûment comptabilisées par leurs armées respectives, ou encore par celles qui ont servi l'effort de guerre dans les usines, elles aussi soigneusement répertoriées. Il n'est pas même jusqu'à la célébration de quelques grandes figures féminines de la Résistance, en France notamment, qui n'ait finalement fait oublier les autres, « les obscures et les sans-grade », agents de liaison et passeuses, agents de renseignements, distributrices de tracts et souvent aussi leurs rédactrices et leurs imprimeurs, tant d'autres encore. Et puis il y eut aussi toutes celles, dont le nombre est inestimable, qui opposèrent aux dictatures la force tranquille de leur refus d'adhérer, par exemple à l'idéologie démente qui leur demandait de faire des enfants sur fond de guerre et de mort.

Cette résistance des femmes a été certes française mais elle a été aussi présente dans tous les pays de l'Europe occupée, ainsi qu'en Italie et en Allemagne.

Dans l'Allemagne nazie où l'on est immédiatement arrêté pour une seule parole malheureuse et où la dénonciation est devenue une vertu nationale, cette résistance se manifeste évidemment moins, mais elle n'en a que plus de valeur. Elle se manifeste d'autant moins que l'opposition de gauche, communiste notamment, a été éradiquée par les nazis dès leur accession au pouvoir en 1933. La répression a été brutale et impitoyable, et les femmes l'ont subie de plein fouet, y compris par la déportation dans les premiers camps de concentration. En 1938, à la prison de Berlin-Plötzensee, réservée à la Gestapo, ont eu lieu les deux premières exécutions de femmes résistantes pour «haute trahison». Elles s'appelaient Katharina Kneup et Liselotte Herrmann. Pour cette dernière, une universitaire communiste, les nazis avaient placé son jeune fils dans la cellule voisine pour qu'elle l'entende la réclamer.

Il n'empêche que les Allemandes, que ce soit pour la procréation qui obsède Hitler et ses épigones ou pour l'effort de guerre, opposent de fait une résistance diffuse mais massive. Cet état d'esprit de plus en plus hostile au régime, au fur et à mesure que se prolonge la guerre, est assez marqué pour être évoqué dans les rapports de la Gestapo, laquelle d'ailleurs est contrainte de se montrer moins brutale vis-à-vis des femmes. Même les nazis ont compris que toucher aux femmes, c'est atteindre au moral des hommes, c'est-à-dire des combattants. En fait, le fameux respect de l'autorité en Allemagne, si souvent invoqué comme l'une des explications de l'adhésion de tout un peuple au nazisme, est finalement plus le fait des hommes que des femmes. Celles-ci manifestent leur opposition au régime notamment à travers les Églises, protestante ou catholique. On les voit ainsi dénoncer le programme d'euthanasie des «arriérés». Fort de leur indignation, l'évêque de Munster condamne en chaire l'«*Aktion T4*», que Hitler suspend le 24 août 1941, alors que le «programme» a déjà coûté la vie à plus de 70000 adultes et enfants. Les femmes catholiques organisent des chaînes de lettres clandestines. Katharina Staritz, vicaire protestante, est déportée pour avoir appelé ses consœurs de Breslau à défendre les chrétiens d'origine juive.

Nombreuses sont aussi les Allemandes qui ont refusé le régime en prenant le chemin de l'exil: des Juives pour les trois quarts, mais aussi des intellectuelles, des artistes, des cadres. Nombreuses sont aussi celles qui résistent individuellement. Eleonore Wolf, ancienne résistante antinazie qui, de Forbach en France, envoyait des ouvrages interdits en Allemagne. Elle est condamnée à douze ans de prison. En 1943, Gertrud Seele, infirmière à Berlin, déjà suspecte d'avoir caché des Juifs au début de la guerre, dit à une voisine lors d'une collecte de vieux papiers et de vêtements: «À quoi bon cette collecte qui ne sert qu'à prolonger la guerre?» Dénoncée par celle-ci, elle est arrêtée et condamnée à mort pour «action en faveur de l'ennemi».

Ce ne sont là que des actes individuels mais ils sont suffisamment nombreux pour qu'au seul camp de concentration de Neuengamme, 400 Allemandes soient déportées comme «politiques» pendant la durée de la guerre. Ces condamnées politiques sont aussi dans les prisons du Reich, parfois dans l'attente de leur exécution. La plus célèbre d'entre elles est Sophie Scholl, étudiante née en 1921 et fondatrice, avec son frère Hans et une poignée d'étudiants en médecine, de la Rose blanche, mouvement d'inspiration pacifiste et chrétienne, qui diffuse des tracts antinazis d'abord à l'université de Munich, puis dans des villes d'Allemagne du Sud. L'un de ces tracts dit en parlant de l'Allemagne: «La fin sera atroce mais, si terrible qu'elle doive être, elle est moins redoutable qu'une atrocité sans fin.» Le mouvement commence à gagner d'autres universités, dont celle de Berlin, lorsque Hans et Sophie sont arrêtés par la Gestapo en février 1943. Ils sont condamnés aussitôt à mort par la «Cour de justice populaire» et décapités. Dans ses derniers moments, Sophie a fait preuve d'une telle dignité et d'une telle sérénité qu'elle a forcé le respect de ses geôliers et de son bourreau. Pour n'avoir compté qu'une poignée de résistants, la Rose blanche n'en a pas moins un retentissement immédiat hors du Reich. Leur dernier tract – « Par le choix du Führer (...) des hommes sont devenus des criminels sans dieu, sans honte, sans conscience (...) Les morts de Stalingrad nous implorent... » – est lancé par la RAF, à un million d'exemplaires, sur les villes allemandes.

De véritables réseaux clandestins de résistance, et non des groupes isolés, sont plus rares, tant le pays vit dans la terreur. Celui que les services nazis de contre-espionnage vont appeler *Rote Kapelle*, « Orchestre rouge », est d'autant plus marquant qu'il a été le plus gros réseau de renseignements de la Seconde Guerre mondiale. Ce super réseau soviétique qui s'appuie au départ sur un noyau d'ex-militants communistes mais bientôt aussi de « simples » antinazis, finit par s'étendre sur l'Allemagne (où il a fusionné avec un autre réseau soviétique), la Belgique (où il est né), la Hollande, le Danemark, la France.

À son apogée Orchestre rouge compte 350 émetteurs et plus de 3 000 agents, dont de nombreuses femmes, à preuve leurs arrestations quand en 1942 l'*Abwehr* démantèle en partie le réseau. La fin de ces femmes est terrible. Rares sont celles qui sont déportées. Les autres sont torturées et condamnées à mort. Rita Arnould, Suzanne Cointe, Flore Velagst et plusieurs autres chantent et dansent le soir de leur exécution à la prison de Moabit à Berlin, en avril 1943. Sophie Poznanska, arrêtée à Bruxelles et torturée, se suicide dans sa prison pour ne pas parler. Quant à Hilde Coppi, condamnée à mort avec son mari, elle bénéficie d'un sursis pour accoucher et allaiter avant d'être pendue. Le bébé ainsi « récupéré » va rejoindre un *Lebensborn*.

Des Autrichiennes ont également résisté dans de nombreux réseaux, de tendance monarchiste et catholique pour beaucoup d'entre eux, comme le « Mouvement autrichien pour la Liberté» (ÖFB), le «Front autrichien», où militent 14 jeunes filles catholiques, le «Front de lutte monarchiste du Tyrol», où l'ancienne ouvrière Kreszentia Hell joue un rôle déterminant, ou encore «le groupe de résistance monarchiste Müller-Thanner», fondé par l'écrivaine viennoise Louise Maria Meyer, arrêtée dès novembre 1939 et déportée à Auschwitz comme Juive. Certains groupes sont d'ailleurs nés de l'opposition à la déportation des Juifs autrichiens, comme le «Parti antifasciste d'Autriche». Sur 38 Autrichiens ayant sauvé des Juifs et auxquels l'État d'Israël décernera le titre de «Justes», il y aura 24 femmes. D'autres Autrichiennes résistent à titre individuel, telle la religieuse Hélène Kofler (sœur Restitua) exécutée à l'intérieur même de son hôpital pour avoir composé, copié et distribué une ballade du soldat antinazie.

Des Italiennes ont été de leur côté des antifascistes déclarées, et ce, dès avant la guerre. Elles sont communistes pour beaucoup mais aussi socialistes, catholiques et parfois aristocrates, telle la belle-fille du roi Victor-Emmanuel. Elles cachent des Juifs, des Italiens déserteurs et réfractaires au travail en Allemagne. Elles organisent aussi des grèves de femmes, notamment parmi les ouvrières agricoles. Avec la chute du fascisme le 25 juillet 1943, la Résistance prend une nouvelle vigueur. De nombreuses résistantes rejoignent les maquis d'Italie du Nord tandis que la Résistance féminine se structure à partir du début de 1944 dans les *Gruppi di difesa della donna per l'aiuto ai combattenti della liberta*. 70 000 femmes unissent leurs forces au sein de groupes de *Volontarie per la liberta*. Un tract affirme pour la première fois leur rôle politique : «La guerre est arrivée et, avec son cortège d'horreur, de massacres et de ruines, elle a secoué les femmes, elle les a réveillées. Les femmes voient que ce sont les hommes qui font de la politique, mais que la politique les concerne aussi dans la mesure où elles en subissent les conséquences, peut-être même plus que les hommes.» Pendant toute la guerre, 4600 Italiennes auront été arrêtées et jugées, dont 2750 déportées et 623 exécutées ou tuées dans les maquis.

En Pologne, il existe tout d'abord des centaines d'organisations de résistance nées spontanément de la défaite et d'une occupation inhumaine. Les Polonaises y sont très présentes, comme l'est par exemple Maria Kusmierzuc, qui avait 19 ans en 1939. Elle rejoint le réseau ZWZ, le plus important des mouvements de résistance en Pologne, organisé militairement par des officiers et placé sous le commandement du général Sikorski, Premier ministre du gouvernement en exil en Grande-Bretagne. Maria prête le serment de combattante à la fin de novembre 1939. Elle a participé d'abord à la collecte des armes abandonnées par l'armée en déroute, puis à la rédaction et à l'impression des bulletins d'information clandestins réalisés après avoir écouté les radios étrangères. Elle est aussi agent de liaison avec d'autres groupes du ZWZ. Cette dernière activité lui vaut d'être arrêtée le 9 novembre 1941. Pendant près d'un an, elle subit interrogatoires et tortures dans les cachots souterrains de la tour de l'Horloge de Lublin avant d'être déportée à Ravensbrück.

Les Polonaises résistent également à l'intérieur des camps de concentration, à commencer par celui d'Auschwitz. La première organisation clandestine féminine voit le jour au cours de l'été 1943 au camp des femmes. Grâce à elle, les colis de nourriture et de médicaments qu'envoient la population polonaise et la Croix-Rouge, et que détournent les SS, sont, pour une petite part d'entre eux, rendus à leurs vraies destinataires. Des renseignements sur le camp sont communiquées à la Résistance extérieure qui de son côté, mais en vain, informe les Alliés sur les horreurs qui s'y déroulent. Des évasions (rares) s'organisent, parfois couronnées de succès ; quelques révoltes aussi, vouées, elles, à l'échec, comme celle du *Sonderkommando* des fours crématoires à la fin de 1944. Les explosifs utilisés ont été fournis par des jeunes filles déportées travaillant dans l'une des usines du complexe d'Auschwitz. Elles étaient juives et avaient pour prénom Roza, Ala, Regina, Estera. Elles furent pendues le 6 janvier 1945 devant toutes les détenues de l'usine.

Cette résistance des femmes, pour n'en rester qu'à Auschwitz, est aussi le fait des Soviétiques, des Yougoslaves, en majorité des partisanes solidement regroupées autour de Zorka Vuksanovic. Chaque pays, la France entre autres, tente de développer sa propre organisation clandestine.

Les femmes de Belgique résistent quand elles manifestent dans les rues contre la pénurie ou pour le retour des prisonniers, ou quand elles portent ostensiblement des habits aux trois couleurs du pays, le jour de la fête nationale. Des étudiantes mais aussi des mères de famille participent à la rédaction ou à la distribution d'innombrables feuilles clandestines. Certaines femmes intègrent les réseaux de résistance, au point d'en constituer 20 % des effectifs. Souvent cantonnées par les hommes à des rôles de subalternes (collectes de vivres, dactylographie), elles sont aussi agents de liaison, « hébergeuses » ou « escorteuses » de filières d'évasion, entrant parfois dans la clandestinité pour ne pas compromettre leurs familles. L'une d'elles est Andrée De Jongh, qu'un aviateur britannique qui a rejoint son pays grâce à elle surnommera « l'incomparable Dédée ». Elle dirige le plus important réseau d'évasion de Belgique : le réseau Comète, dont l'itinéraire va d'Anvers à Bilbao. Dédée est arrêtée le 15 janvier 1943 et déportée à Ravensbrück. D'autres femmes prennent la relève, qui s'appellent Peggy van Lier, Elvire Degreef, Elvire Morelle, Lily et Andrée Dumont, et bien d'autres encore.

Ce sont aussi des résistantes isolées, à l'exemple d'Hélène Moszkiewiez, fille d'un tailleur juif de Bruxelles. Engagée dans la Résistance et munie d'une vraie-fausse identité (une amie lui a donné sa propre carte), elle est recrutée par l'*Intelligence Service* pour infiltrer, grâce à sa parfaite connaissance de l'allemand, le siège de la Gestapo à Bruxelles. Elle va y rester de 1942 à 1944 comme aide secrétaire bientôt sous les ordres directs du chef de la Gestapo, Heinrich Müller. Elle voit partir ses parents pour Auschwitz sans pouvoir agir alors qu'elle s'emploie à saboter de l'intérieur l'arrestation de centaines d'autres Juifs. Elle fournit par ailleurs de précieux renseignements aux services britanniques. Après avoir risqué plusieurs fois d'être démasquée par les Allemands, Hélène sera paradoxalement sur le point d'être lynchée à la Libération par une foule avide d'épuration et ne devra son salut qu'au témoignage d'un chef de maquis.

Et les Françaises dans tout cela ? Furent-elles majoritairement des Françaises selon le Maréchal… ou selon le Général ? Comment les observer à travers les rideaux épais qu'ont tirés sur elles les hommes, à l'inverse de la lumière dont ils se sont inondés eux-mêmes ? Cette résistance des femmes en France comme ailleurs a souvent été diffuse, encore que plus spécifiquement féminine, diffuse mais quotidienne, au point d'avoir semblé banale à ses actrices elles-mêmes. On pourrait appeler cette résistance de la base « la résistance des ménagères » si ce dernier mot n'avait pas aujourd'hui une connotation vaguement péjorative.

Pendant toute la guerre, souvent à l'instigation du Parti communiste clandestin mais parfois aussi spontanément, les « ménagères » manifestent devant les magasins vides, devant les préfectures comme à Belfort en 1942 face à un cordon de soldats allemands qui les menacent de leurs armes, en se couchant parfois sur les voies ferrées comme à Montluçon pour protester contre un départ d'ouvriers requis par le STO. Comme à Belfort, les Allemands n'osent pas tirer, non pas par humanité mais parce qu'ils soulèveraient contre eux toute la population.

D'autres ne craignent pas de piller des magasins suspects de faire du marché noir, comme rue de Buci à Paris le 31 mai 1942 : « Aujourd'hui, c'est sans ticket ! » crient les pillardes qui distribuent les provisions aux femmes qui faisaient la queue. Quatre condamnations à mort s'ensuivent : les trois hommes qui ont constitué l'équipe de protection et qui seront guillotinés ; la meneuse, Madeleine Marzin, institutrice, qui réussit à s'évader lors de son transfert (Vichy n'a pas osé la faire exécuter) de la centrale de Fresnes à celle de Rennes et rejoindra un groupe de FTP (Francs-tireurs et partisans).

Les actions se structurent le plus souvent au sein de Comités féminins souvent à partir de l'UJFF (Union des jeunes filles de France), tous d'inspiration et d'organisation communistes. Toute une presse clandestine féminine, elle aussi le plus souvent communiste, donne de l'audience à ces actions : *Femmes françaises* dans la zone nord ; *La Voix des femmes* dans la zone sud. En s'appuyant sur les mille difficultés de la vie quotidienne, ces journaux appellent encore, si ce n'est à la résistance, du moins à l'esprit de résistance. Ils luttent aussi contre la désinformation des journaux à grand tirage et à la botte de l'occupant. Lorsque *Paris-Soir* « informe » ses lecteurs qu'un ouvrier a été arrêté parce qu'il volait une planche sur une palissade, *La Ménagère de Paris* répond que dans une chambre sans feu à Ivry, une mère a vu son bébé mourir de pneumonie. Et le journal clandestin de poursuivre : « Mères, au lieu d'assister impuissantes à la mort de vos enfants, allez prendre du bois et du charbon là où il y en a et obligez les pouvoirs publics à vous entendre. »

Les Mariannes du Nord et du Pas-de-Calais se font l'écho de grèves de mineurs comme celle du 2 au 9 juin 1941 où les femmes prennent une part si active qu'Émilienne Mopty, considérée comme l'une des meneuses, est exécutée. Dans son beau récit d'enfance, Louis Mexandeau raconte ce que fut le courage de ces femmes du Nord. Évoquant de sa mère partie affronter la Gestapo à la suite de l'arrestation de son mari, il écrit : « De sa démarche, de son port de tête émanaient l'énergie et la volonté, étant ce qu'en patois, on appelait une "hors-peur". »

Cette résistance populaire et souvent anonyme des femmes ne faiblira pas, cachant des enfants juifs dans les fermes puis des réfractaires au STO, diffusant chaque journal de la presse clandestine, féminin ou non. Le 18 novembre 1944, toujours sous l'égide du parti communiste, les Comités féminins fusionnent dans une nouvelle organisation, l'Union des femmes françaises (UFF).

Les femmes communistes ou proches du communisme ne sont pas les seules à opposer cette « résistance civile ». De nombreuses femmes d'associations catholiques (Témoignage chrétien), protestantes (la Cimade) ou juives (OSE, l'Œuvre de secours aux enfants), voire de femmes agissant sous la couverture d'institutions sociales de Vichy, ont fait preuve de cette solidarité souvent anonyme qui était déjà de la résistance, avec tous ses risques.

Avant d'intégrer un groupe de résistance communiste, Annie Kriegel (elle s'appelle alors Becker) n'a que 15 ans quand est déclenché la rafle du Vel' d'Hiv'. Sa famille est sur les listes et, la première nuit, alors que la rafle se poursuit, elle essaie de se faire héberger par des gens du quartier. Après plusieurs refus, elle se rend à une nouvelle adresse. « C'était au coin de la rue de Sévigné et de la rue des Francs-Bourgeois, un immeuble d'apparence quelconque. Je suis montée, une dame m'a dit: "Entrez", et je l'ai suivie dans une grande pièce où il y avait déjà peut-être cinquante personnes. Et pas un bruit; on se serait cru dans le salon d'attente d'un dentiste. Je n'ai jamais su qui était cette femme, si elle appartenait à un groupe et pourquoi elle faisait cela.»

Cette «résistance de la solidarité» a en quelque sorte formé la base et parfois le tremplin de la résistance «institutionnelle». Il est impossible d'évoquer ces milliers de destins qui furent autant de choix individuels et absolus, car, écrira Anise Postel-Vinay, résistante et déportée, ce seront d'abord des femmes pour qui «le respect absolu passait avant tout. Il fallait savoir mourir pour ce principe».

Solitude pour beaucoup d'entre elles, au moins au moment de l'engagement initial comme pour Simone Weil (à ne pas confondre avec Simone Veil) qui incarne bien ce que fut l'esprit de résistance. Cette philosophe, d'abord engagée dans les Brigades internationales, éprise de justice et de vérité, d'une grande exigence vis-à-vis d'elle-même et vis-à-vis des autres, s'est mise au service de la France libre à Londres où elle collabore intellectuellement mais elle souhaite repartir en France pour participer aux combats de la Résistance. Épuisée par le régime de privations qu'elle s'impose par solidarité avec ses compatriotes, attendant en vain «sa mission» qu'on ne peut lui confier en raison de son état de santé, elle meurt de tuberculose le 24 août 1943.

Quant à Danielle Casanova, son engagement dans la Résistance est presque «évident» du fait de son ardent militantisme communiste. Entrée dans les Jeunesses communistes en 1927, mariée en 1934 à Laurent Casanova, communiste proche de Maurice Thorez, elle a pris en charge en 1936 la création de l'Union des jeunes filles de France. Après l'interdiction du PCF en septembre 1939, elle fait partie de sa direction clandestine. Dès le début de l'Occupation, elle prend une fausse identité et assure la rédaction de *La Voix des femmes*, anime les Comités féminins, participe au réseau Front national universitaire. Le 15 février 1942, après être tombé dans une « souricière », elle est emprisonnée à la Santé avant son transfert à Auschwitz où elle mourra. « N'ayez pas le cœur serré en pensant à moi, a-t-elle écrit dans son dernier message. Je suis heureuse de cette joie que donne la haute conscience de n'avoir jamais failli et de sentir dans mes veines un sang impétueux et jeune. »

Différent encore est l'engagement d'Odette Fabius, appartenant au début de la guerre à une grande famille bourgeoise juive du Sud-Ouest. Elle a alors 28 ans et n'entend pas demeurer inactive. Elle commence par se joindre à un groupe de femmes de la haute bourgeoisie et de l'aristocratie parisiennes qui apporte son aide aux réfugiés de la Belgique et du Nord. Puis elle s'engage dans la Résistance dans le réseau Alliance, l'un des plus puissants réseaux de renseignements de l'*Intelligence Service*. Odette ne se préoccupe pas alors de sa condition de Juive mais exclusivement de son patriotisme intransigeant. Elle entre ensuite à l'OCM-Centurie (« Organisation civile et militaire », le premier grand mouvement non communiste créé en zone occupée). Arrêtée, évadée une première fois, arrêtée de nouveau en avril 1943 et finalement déportée à Ravensbrück, c'est paradoxalement son étiquette de « terroriste » qui masquera qu'elle est juive. Elle survivra.

Plus souvent, l'entrée en résistance de ces femmes s'opère par engagements successifs et graduels. « Je ne me suis pas réveillée un matin, explique France Pejot, en me disant : "Je vais faire de la Résistance." Non. C'était un engrenage. On lisait les journaux [clandestins], on était d'accord, les Allemands étaient là, il y avait des gens qui résistaient, on ne pouvait pas faire moins que de les aider. Je n'ai pas voulu sauver la France, comme ça, tout d'un coup. » France Pejot et sa sœur sont de ces femmes de la Résistance qui ont fait beaucoup, mais à moindre bruit. France, qui survivra à sa déportation à Ravensbrück, aura cette extraordinaire repartie quand on viendra après la guerre lui parler de son héroïsme : « Moi ? Je me faisais tout le temps arrêter ! » Il est vrai que cette très jeune fille, qui tenait avec sa sœur un commerce de lingerie féminine près de Lyon et s'était engagée dans le mouvement Franc-Tireur (l'un des trois grands réseaux sud avec Libération et Combat), fut souvent arrêtée mais autant de fois évadée grâce à d'extraordinaires talents de comédienne. Elle s'en sortit, à chaque fois sans parler, sauvant ainsi ou faisant relâcher nombre de ses camarades et même un chef de groupe. Elle aura eu jusqu'à l'incroyable culot, tout de suite après l'une de ses évasions, de se déguiser en vieille femme pour aller récupérer quelques effets dans son immeuble surveillé par la police.

À suivre l'itinéraire de France Pejot, il est probable qu'on ne se réveillait pas non plus, un matin, de l'autre côté de la barricade, comme ces Françaises qui servirent dans la Gestapo, interrogeant et torturant les résistantes arrêtées. L'histoire leur a laissé d'étranges sobriquets. L'une est surnommée, dans la région de Marseille, « la belle Irène », qui d'ailleurs se reconvertit à l'automne 1944 dans les basses besognes de l'épuration. L'autre est baptisée « la hyène de la gestap' ». Une malheureuse jeune fille qui s'est imprudemment chargée d'un paquet remis par un inconnu et qui est arrêtée au buffet de la gare Saint-Lazare quand elle veut le remettre à sa destinataire, apprend son vrai nom dans un épisode tragi-comique. Rue des Saussaies, au siège de la Gestapo, elle attend pour être interrogée l'arrivée d'un certain « Maurice ». Quel n'est pas son étonnement quand ce Maurice se révèle être en réalité une « Morris », Violette Morris, ambulancière en 1915, ancienne championne du monde de lancer de poids, footballeuse olympique, mais pour lors reconvertie en tortionnaire sadique, avant de finir sous les balles de maquisards de l'Eure.

À partir de l'été 1941, « la voix de Londres », celle de Maurice Schumann, appelle explicitement les femmes de France à entrer dans la Résistance, jeunes filles et grands-mères, épouses et mères. «Vous savez combien l'ennemi craint votre influence, soyez donc actives ! » Toutefois, l'autonomie de décision, déjà difficile à titre individuel, puisqu'elle suppose rien de moins que le don de sa propre vie, l'est encore davantage lorsqu'il s'agit d'une épouse ou d'une mère. L'engrenage de l'action implique en effet que, parfois, il soit nécessaire pour ces femmes d'entrer dans la clandestinité et par conséquent de quitter mari et enfants.

Clandestines ou non, ces milliers de femmes ont des missions multiples, à commencer par celles – et beaucoup s'en offusquent, à défaut de s'en étonner – qui sont assignées aux femmes en temps « normal ». Voilà donc ces résistantes de préférence consignées chez elles pour transformer leur domicile en « planques » ou en « boîte aux lettres », missionnées pour assurer les services sociaux ou médicaux clandestins aux besoins de plus en plus nombreux et pressants, ou encore employées pour remplir les mille fonctions de dactylographie et de secrétariat d'une Résistance curieusement très paperassière.

Toutefois, il apparaît vite qu'une jeune femme pimpante

et gaie sur sa bicyclette franchit plus facilement un contrôle qu'un homme, que les faits et gestes d'une mère de famille ou d'une dame d'un certain âge sont moins exposés à la curiosité des voisins, laquelle, en ces temps troublés, est très grande. Et voici alors ces femmes promues agents de renseignements ou de liaison, passeuses comme le furent Lucienne Welschinger et quelques autres jeunes filles alsaciennes se « déguisant » chaque dimanche en excursionnistes dans les Vosges, pour faire passer en France tout au long de l'Occupation pas moins de 400 prisonniers de guerre français ou alliés évadés ainsi que des Alsaciens ne voulant plus porter l'uniforme allemand.

Il faudrait pouvoir dire ce que fut le destin de chacune de ces femmes, sans oublier bien sûr celles qui combattirent dans l'action directe, car chacune eut son propre destin, sa propre Résistance, différente des autres. L'histoire n'a voulu retenir que le nom de quelques-unes, à commencer par celles, rares, à qui les chefs de la Résistance voulurent bien confier quelques responsabilités et plus rarement encore des premiers rôles.

Ce fut le cas de Marie-Madeleine Fourcade, seule femme à être le patron de tout un réseau de résistance (Alliance, dit aussi « L'Arche de Noé ») qui donna, dans les dramatiques circonstances du combat de l'ombre, des ordres à des hommes ; ou encore le cas de Berty Albrecht. Née à Marseille en 1893 dans une famille de la grande bourgeoisie protestante et en dépit d'un mariage avec un riche industriel, elle milite pour la justice sociale et le droit des femmes en participant notamment à la fondation du Comité mondial des femmes. « Compagne de route » du parti communiste, antifasciste de la première heure, elle travaille un temps en usine et fait la connaissance d'Henri Frenay pendant le Front populaire. Son engagement dans la Résistance est évident et immédiat.

Avec Frenay, qu'elle retrouve à la fin de 1940, elle fonde en juin 1941 le réseau Combat qui va se développer grâce à son sens exceptionnel de l'organisation. Le journal bientôt célèbre de ce grand mouvement de la Résistance a d'abord été quelques feuilles dactylographiées par Berty, le *Bulletin d'information et de propagande*. Arrêtée deux fois, relâchée la première et évadée la seconde, elle refuse de partir pour Londres alors que de Gaulle en personne l'en prie et qu'elle est activement recherchée. « Pour moi, avait-elle écrit à Frenay après sa première arrestation, je suis décidée à aller jusqu'au bout. En perdant la vie, je gagnerai une paix qui me semble ineffable. » Quelques jours avant sa troisième et dernière arrestation, le 27 mai 1943 à Mâcon, elle avait écrit à son mari : « La vie ne vaut pas cher, mourir n'est pas grave, le tout c'est de vivre conformément à l'honneur, à l'idéal qu'on se fait. » Emprisonnée et torturée dans sa cellule de la prison de Fresnes, elle s'y suicide le 31 mai pour ne pas parler.

Et tant d'autres femmes encore, à commencer par celles que Berty Albrecht recruta pour Combat, que ce soit Jeanne Sivadon, Anne-Marie Boumier, Anne Noury, Odette Klein. Et comment ne pas évoquer Madeleine Braun cofondatrice de l'organisation communiste Front national pour la zone sud, ou Geneviève de Gaulle (nièce de Charles de Gaulle) militant dans le mouvement de jeunes Défense de la France et animant son journal clandestin avant d'être arrêtée et déportée en 1943, ou Simone Michel-Lévy s'occupant d'un réseau de résistance aux PTT et pendue pour sabotage ? Comment ne pas rappeler le nom d'Eva Golgevit, résistante juive se vouant, dès la débâcle de 1940, au petit réseau Solidarité qui prenait en charge des femmes juives restées seules avec des enfants, puis, la persécution venue, s'employait à trouver des familles d'accueil aux « enfants cachés ». Eva échappe à la rafle du Vel' d'Hiv', entre dans la clandestinité et résiste dans FTP-MOI qui s'occupe plus particulièrement de la main-d'œuvre immigrée. Arrêtée en juillet 1943, elle est déportée à Auschwitz, dont elle sortira vivante.

Et Célia Bertin, Renée Bédarida, Évelyne Sullerot, Danielle Mitterrand, Lise Lefèvre, Yvette Farnoux, Jeanne Chaton, Françoise de Boissieu, Odette de Blignières qui confia à son journal : « Ni gloire, ni récompense, ni reconnaissance. » Et toutes les autres, les oubliées, celles pour lesquelles il ne reste plus que ce vers de Paul Éluard : « Sœurs d'espérance, ô femmes courageuses... »

Dans le style qui est le sien, André Malraux dira de ces femmes héroïques : « Faire de la Résistance féminine un vaste service d'aide, depuis l'agent de liaison jusqu'à l'infirmière, c'est se tromper d'une guerre. Les résistantes furent les joueuses d'un terrible jeu. Combattantes, non parce qu'elles maniaient des armes (elles l'ont fait parfois), mais parce qu'elles étaient des volontaires d'une atroce agonie. Ce n'est pas le bruit qui fait la guerre, c'est la mort. »

IV

C'EST FINI !

Quand retentit l'annonce de la capitulation allemande, la joie éclate partout en Europe, le soulagement aussi, au terme de 2 194 jours de guerre. Fin de la peur. Espoir pour les femmes de retrouver bientôt le mari, le fils ou le père prisonnier. Mais aussi, pour celles qui ont dû lutter chaque jour pour la subsistance des leurs, l'attente de la fin du rationnement, non pas celui du superflu mais celui du nécessaire.

Les lendemains de guerre pourtant ne sont pas si roses. En France, en Belgique, en Italie, l'heure de la libération a commencé à sonner dès l'été 1944 dans certaines régions. Mais, passé l'heure des vivats, des cigarettes américaines et des tablettes de chocolat, la faim et le froid sont revenus, encore plus insupportables à l'heure de la victoire. Alors les femmes, qui n'avaient pas craint de manifester pendant l'Occupation, le font de nouveau, encore plus violemment, parfois spontanément, parfois à l'instigation des communistes. 500 femmes en colère pillent des magasins d'alimentation à Montpellier le 20 novembre 1944. Des scènes identiques ont lieu dans les grandes villes, comme à Bruxelles sous l'égide de l'Union des femmes : « Assez de promesses... Des actes ! Nous exigeons un meilleur ravitaillement », proclame une banderole. En mars 1945, des Parisiennes manifestent devant l'Hôtel de Ville. À lire les pancartes, elles ne réclament rien pour elles : « Nous voulons du lait pour nos petits » ; « Nous voulons que nos maris mangent mieux pour qu'ils puissent travailler afin de finir la guerre rapidement ».

Si la guerre touche à sa fin, les privations continuent en effet. Un journaliste du *Daily Telegraph*, de retour de France en septembre 1945, écrit que « l'impression dominante est celle d'une profonde détresse (...) La maîtresse de maison londonienne a été et est encore dans une période qui, comparée avec l'avant-guerre, passe pour difficile. Elle se rend mal compte de sa chance – comparée à sa sœur parisienne. »

Cette pénurie, qui va se prolonger au moins jusqu'à la fin de 1947 et qui fera surnommer le président du Conseil de l'époque « Ramadiète » (pour Ramadier), n'est pas le seul souci des femmes de France. Il leur faut affronter aussi, ou à tout le moins assumer, le retour des hommes.

Retour au sens propre, avec celui des prisonniers de guerre. Pendant leur longue absence, les femmes ont tenu le rôle de chef de famille. Avant la guerre, certaines d'entre elles ne se rendaient même pas à la Poste pour toucher ou envoyer un mandat. Elles ont bien changé. Le gouvernement s'inquiète. Henri Frenay, le chef du mouvement Combat, a évoqué devant l'Assemblée constituante provisoire le 22 mars 1945, la possibilité de 20 à 25 % de divorces. En fait, il n'y en aura que 10 %, c'est-à-dire tout de même près de 50 000.

Gouvernement et médias entreprennent auprès des femmes de prisonniers une préparation psychologique. Un magazine féminin, proche du parti communiste, fait parler un prisonnier rapatrié imaginaire s'adressant aux femmes : « Ne nous jugez pas trop sévèrement si nous sommes un peu aigris et si nous avons perdu le langage de la douceur (...) Nous vous demandons de faire preuve de beaucoup de compréhension et de douceur à notre égard.» Certes, des épouses parleront de «retrouvailles merveilleuses» mais la majorité penseront plus probablement tout bas ce que Louise Cadieu, femme de prisonnier, dit tout haut: «La vie a repris un cours normal, avec beaucoup de patience.»

Retour des hommes aussi au sens figuré, au sens du retour de leur pouvoir. Celui-ci se manifeste d'autant plus lourdement qu'il a été significativement défaillant pendant l'Occupation. Les femmes ont «conquis» ou plutôt on leur a concédé le droit de vote. En outre, il a été institué que, sans discrimination de sexe, il y aurait désormais «à travail égal, salaire égal». De même, l'égalité entre les sexes figure dans le préambule de la Constitution de 1946. Mais il y a loin des principes à leur application pratique. Les femmes ne font aucune percée dans la classe politique. D'ailleurs, le régime matrimonial demeure inchangé. La femme est toujours sous l'autorité du chef de famille. Dans le paysage social qui se reconstitue en France, au lendemain de la guerre, voici de nouveau les hommes et seulement eux.

La guerre est finie. Les hommes n'ont plus besoin des femmes à l'usine ou sous l'uniforme, au volant des bus ou dans les combats de la Résistance. Ils ont de nouveau besoin des femmes dans la maison et redécouvrent alors tous les arguments classiques pour qu'elles y retournent, ceux-là mêmes que les idéologies du Reich, de l'Italie fasciste et de la France de Vichy avaient invoqués.

Les discours masculins sont à ce sujet sans équivoque. Lorsque *Le Travailleur alpin*, dans son éditorial du 15 septembre 1944, rend hommage aux «femmes de France», c'est pour écrire qu'elles «ont tenu à l'arrière la place digne qui devait être la leur, c'est-à-dire la place d'une bonne mère, d'une bonne sœur ou d'une bonne épouse». Certains discours sont parfois outranciers, comme celui de ce responsable d'association familiale, le 27 mai 1946, jour de la fête des Mères, devant le préfet et le maire de Quimper: «La femme a des mains non pour faire marcher les machines, mais pour pouponner.» Et cet épigone de Vichy d'ajouter qu'il faut réformer l'enseignement féminin qui pour l'heure «prépare des cerveaux et non des mamans». Luc Capdevila, qui cite cet étonnant discours, parle d'un rendez-vous manqué des Françaises avec la politique ainsi que d'un retour à la France virile. Ce dernier mot revient souvent dans les discours. La France n'est plus un pays vaincu , c'est un pays vainqueur et mâle, aux côtés des Alliés, grâce à de Gaulle, à la Résistance, aux combats des FFI et de la 1re armée française.

Et les femmes dans tout cela, à commencer par celles de la Résistance? On les oublie et elles retournent d'elles-mêmes au silence. Les décorations de l'ordre de la Libération, créé par le général de Gaulle et destiné à honorer ceux qui se sont «signalés d'une manière exceptionnelle» pour la libération de la France, sont remises à un peu plus de mille personnes, dont… six femmes. Deux seulement sont honorées de leur vivant. Parmi les quatre décorées à titre posthume, Berty Albrecht, l'unique femme dont la dépouille repose dans la crypte du Mémorial du Mont-Valérien.

Les résistantes participent à leur propre oubli, minimisant souvent leur rôle: «Je n'ai rien d'une héroïne»; «Je n'ai joué qu'un rôle très modeste». Là où les hommes disent «je», elles disent «nous». Elles ne s'institutionnalisent pas (sauf l'Union des femmes françaises, grâce à l'action permanente du PCF). Elles n'entreprennent pas, comme le font au contraire leurs compagnons masculins, de construire leur mémoire. « Leur forme de socialisation, écrit Claire Andrieu, ne les conduisait pas à vouloir se placer en toutes circonstances dans l'espace public. »

Le cinéma, fidèle miroir de son temps, rend compte de ce phénomène. Les films, et notamment ceux, nombreux, sur la Résistance qui suivent la Libération, sont redevenus misogynes et s'évertuent à reconstruire l'image du père, fort entamée pendant l'Occupation. L'homme se trouve de nouveau au centre des films et les femmes redeviennent au mieux passives, au pire des garces maléfiques (*Manèges* d'Yves Allégret en comporte même deux, aussi monstrueuses l'une que l'autre). Ainsi la femme, qui a dû et su prendre la place de l'homme pendant la guerre, retourne, au cinéma comme dans la vraie vie, à la « case départ » de l'avant-guerre.

Dans la France de 1945, l'image de la femme est tout autant sinon davantage celle de la femme tondue que celle de la martyre de la Résistance ou des camps. Mais là aussi il a été question d'un enjeu de pouvoir. La tonte s'est peut-être exercée contre la « collaboration horizontale » mais, au-delà, contre la femme en tant que femme, dans une démonstration de force du pouvoir des hommes (et, à regarder les photographies, quels hommes !), du rétablissement de leur autorité. Un « message fort » tourné plus vers l'avenir que vers le passé, avance Alain Brossat, qui ajoute que ces tontes visent finalement à « mimer un grand désordre pour hâter le rétablissement de l'ordre ».

Déjà, pendant la guerre d'Espagne, de nombreuses combattantes républicaines avaient été tondues par les hommes de Franco (quand elles n'avaient pas été fusillées). On ne les accusait pas, elles, de collaboration horizontale, mais d'avoir tourné le dos à leur foyer. Certaines anarchistes avaient même osé proclamer : « Des enfants, oui ; des maris, non ! » Mais l'épilogue était revenu à Pilar Primo de Rivera, fille du dictateur du même nom et créatrice de la section féminine de la Phalange espagnole, prononçant un discours le 30 mai 1939 en présence de Franco: «L'unique mission assignée aux femmes par la Patrie est le foyer.»

Retour obligé donc à la «case départ» dans cette contre-révolution des hommes alors même qu'il n'y a pas eu révolution des femmes. Celles-ci finalement n'ont pas lutté pour un changement de société (sauf peut-être les femmes communistes) mais ont au contraire objectivement aidé au rétablissement de cette société. Le mythe du corps biologique – corps social de la femme n'est pas mort avec la guerre, et les femmes de l'Occupation, le temps de faire la preuve qu'elles pouvaient tenir à peu près tous les rôles masculins, s'en sont retournées à leurs foyers. Ce furent les femmes du baby-boom et de la reconstruction.

Ceci ne signifie pas pour autant que toutes ont été leurs propres dupes. Les déportées notamment se sont autant tenues à l'écart de l'histoire que l'histoire les a ignorées. En quelque sorte, leur martyre les a fait passer du traditionnel silence des femmes tenues dans l'ignorance, celui du «je ne sais pas», au silence du «je sais». Ces survivantes avaient beaucoup appris sur elles-mêmes et sur les autres. Trop peut-être. Leur retour a été le plus souvent marqué par la désillusion. Paradoxalement, c'était le monde normal qui leur paraissait irréel, malade et aveugle à sa maladie. Lise Lesèvre, déportée survivante, écrit avec amertume: «Vue de Ravensbrück, la France était très belle.»

Avec de très importantes variantes, le schéma est sensiblement le même dans les autres pays. Ailleurs aussi les hommes entendent reprendre leur place, là où ils estiment qu'il n'y a pas de place pour les femmes, leurs femmes.

On démobilise un peu partout des millions de femmes en uniforme. On n'a plus besoin d'elles. Aux arguments financiers d'un coût d'entretien trop élevé pour des contingents féminins de toute façon réduits s'ajoutent des raisons plus psychologiques. Dans le fond, les gouvernements (d'hommes) ont toujours pensé que le métier de militaire n'était pas pour les femmes. Et voici soudain les hommes qui se déchaînent contre le principe même de la féminisation de l'armée. L'historien militaire israélien Martin van Creveld en énumère aujourd'hui encore les arguments que d'ailleurs il fait siens. Il s'appuie entre autres sur une analyse de Helene Deutsch, psychanalyste célèbre en son temps, ayant émigré aux États-Unis pour fuir le nazisme, qui écrivait pendant la guerre (*The Psychology of Women*) : « La qualité essentielle de la femme étant la passivité, vouloir participer aux combats relève alors d'un "complexe de masculinité" et demande à être psychanalysé. » Ce à quoi Martin van Creveld ajoute que l'arrivée des femmes dans l'armée « est à la fois le symptôme et la cause du déclin de cette armée ». Ce n'est même pas une réussite du point de vue des femmes, conclut-il, car, bénéficiant forcément d'un traitement privilégié du fait de leur faiblesse, elles ne sont pas capables d'assumer pleinement la fonction militaire.

Et les femmes, elles ? Que disent-elles ? Pas tout à fait la même chose. « Nous étions trop rapides et trop futées pour eux », s'exclame Cathryne Blackley, une Canadienne qui avoue pourtant, comme certainement la majorité de ces jeunes femmes : « Je n'ai jamais songé à rester dans l'armée. Je voulais avoir une maison et fonder un foyer. J'étais fatiguée de la guerre, comme la majorité d'entre nous. »

Toutefois, nombre de Canadiennes fraîchement démobilisées regrettent la communauté de femmes et la camaraderie qui s'était créée sous l'uniforme. Elles ont aussi le sentiment « d'avoir été jetées après usage ». « La Libération m'a déprimée beaucoup, car on s'était occupé de moi pendant tellement d'années. C'était triste de rentrer au pays et de m'entendre dire que l'on n'avait plus besoin de moi », témoigne Lorna Stanger, photographe militaire. « J'ai eu du mal à me réadapter à la vie civile, dit de son côté Edna Dunlop, et j'avais la nostalgie du milieu militaire, qui me manquait réellement ; ça me plaisait d'être parmi une foule de gens, de faire partie d'un groupe. » Ce à quoi Nancy Lee ajoute un argument qui a sa valeur : « Nous avions fini par maîtriser le jeu de fléchettes (*darts*) au point de pouvoir rivaliser avec les hommes, et nous profitions pleinement des pubs anglais. »

À Toronto, en avril 1945, un mois avant la Victoire, de jeunes Canadiennes qui viennent d'être démobilisées du Cwac, apprennent le métier de manucure.

Il en va globalement de même en Grande-Bretagne où, avec le civisme exemplaire qui caractérise cette nation, les femmes, aux multiples uniformes – et certainement pas d'opérette –, s'en retournent paisiblement chez elles, à l'exemple de Cincinnatus, le paysan qui reprit sa charrue après avoir exercé la magistrature suprême lorsque la République romaine avait été en danger. Ces femmes britanniques, qui furent merveilleuses de courage et d'abnégation, continuent à l'être d'une autre façon, autrement dit de la façon séculaire : en retrouvant leur « métier » de femme, épouse et mère.

Aux États-Unis, la situation est différente. Majoritairement les femmes rentrent chez elles, mais pas toutes et pas dans le même esprit que dans la vieille Europe (dont d'une certaine façon, le Canada procède alors encore). Dans l'armée, les corps d'auxiliaires féminines sont maintenus, à moindres effectifs évidemment. Madame le colonel Hobby, patron des Wac, a dû batailler durement, s'opposant et perdant devant le Congrès quand elle demanda la prise en compte des états de service des Wac comme services militaires, et obtenant *in fine* que « ses » Wac démobilisées bénéficient au moins d'une garantie de réemploi (ce qui ne sera le cas ni chez les Britanniques, ni chez les Canadiennes). Mais surtout ces batailles juridiques aboutissent, par la loi du 17 juin 1948, à l'« acte d'intégration des femmes dans les forces armées ». Dès avant cette date historique, en septembre 1947, l'*US Air Force* avait créé le *Women Air Force.* Chez les Américains, la professionnalisation des femmes militaires a commencé.

Mais que devient « Rosie la riveteuse » ? Est-ce qu'elle aussi s'en retourne dans son foyer, comme si rien ne s'était passé ? Oui et non à la fois. Oui, si l'on considère qu'aux États-Unis comme ailleurs les hommes rentrant du front veulent eux aussi une femme à la maison et surtout pas d'épouses « déguisées » en autant de « Rosie » qui « leur prennent leur boulot » et, ce qui est pire, l'assument parfaitement, de l'aveu même de leurs patrons. De nombreux soldats démobilisés vont même jusqu'à comparer très défavorablement et très clairement ces nouvelles Américaines aux femmes si féminines, si «*exciting*» (au sens d'excitantes mais aussi d'enthousiasmantes), dont ils ont fait la connaissance dans tous les pays où ils ont combattu, que ce soit le Pacifique ou la vieille Europe.

Cette réaction antiféministe débute dès avant la fin de la guerre, lorsqu'il apparaît que celle-ci va être gagnée et qu'il faut déjà programmer la décélération de l'effort de guerre. Gouvernement et personnalités officielles commencent à inviter les femmes à abandonner leur travail, inversant radicalement le discours qu'ils tenaient la veille encore. Psychiatres et psychanalystes se mettent de la partie, expliquant doctement que l'attachement à un travail masculin relève du «féminisme névrotique», au détriment de la famille et des enfants. D'ailleurs si la délinquance de ces derniers a augmenté pendant la guerre, ose argumenter le ministère de la Justice, c'est parce que leurs mères ne sont pas à la maison. Cette vue est à la fois partiale et partielle car, si la délinquance juvénile a effectivement augmenté dans des proportions alarmantes (on voit même apparaître une délinquance chez les 8-14 ans), les raisons en sont multiples, qui vont de l'augmentation globale et classique des délits en temps de guerre à l'extension anarchique du tissu urbain, en passant par le changement de domicile de 27 millions de personnes. Peu importe, voilà les femmes que le pays avait envoyées à l'usine à grand renfort de propagande gouvernementale, accusées désormais d'être de mauvaises mères, presque des égoïstes. Un ton en dessous, les magazines féminins de 1945 et de 1946 ne disent pas autre chose, évoquant les mêmes raisons pour l'augmentation des adultères et des divorces. En quelque sorte, ce n'est pas la faute de la guerre, c'est celle des femmes. «Débarrassons-nous des femmes», titre sans ambages le magazine *Atlantic* en juin 1945.

Les mères britanniques, massivement entrées dans l'effort de guerre parce que la propagande n'avait pas cessé, ont été elles aussi accusées d'être des mères «rejetantes», comme l'explique le manuel pédagogique *An Introduction to Child Guidance* publié en 1945. Il y est écrit que les mères qui s'acharnent à vouloir conserver leur travail «rationalisent plus ou moins inconsciemment (...) soit un refus d'affronter les problèmes domestiques, soit un rejet très net de l'enfant». En cette même année 1945, un numéro spécial du bien nommé *New Era* écrit de son côté qu'«il n'est nul autre endroit que son foyer où la femme soit reine». Quant au «psy» de service dans les émissions de la

BBC traitant de problèmes sociaux tels que celui de la délinquance juvénile en augmentation en Grande-Bretagne, il demande invariablement en début d'émission: «Les deux parents travaillent, je suppose?»

Devant une telle coalition, nombreuses sont les «Rosie» américaines ou britanniques qui quittent leur usine. 86 % des femmes qui travaillaient dans l'industrie aéronautique dans la mégapole de Los Angeles ont perdu leur travail à la date de juin 1946. Toutefois, les féministes continuent à parler haut et fort aux États-Unis où les femmes de la classe moyenne les écoutent volontiers, à défaut de leur emboîter le pas. «Dans les pays libres, lancent-elles dans un de leurs journaux, je peux avec l'homme construire un monde meilleur, ou je peux échapper à mes responsabilités et assumer de nouveau la condition d'un être inférieur. La première solution est lourde et difficile car je dois penser et agir de mon propre chef. L'autre solution est facile. Je la connais depuis des siècles.»

Toutes les Américaines ne réintègrent pas leur foyer, d'autant moins que beaucoup travaillaient déjà avant la guerre. Elles sont deux fois plus nombreuses après la guerre à conserver un travail salarié, et beaucoup d'autres auraient souhaité faire de même. Leur qualification évolue. L'exemple le plus frappant est celui des Noires américaines qui constituaient les deux tiers de la domesticité en 1940 et qui ne sont plus que 40 % en 1950 (ce qui est encore beaucoup), les autres travaillant dans le commerce ou l'industrie.

Enfin, même si les Américaines dans leur majorité continuent à se définir d'abord comme mères et épouses, presque toutes celles qui ont contribué à l'effort de guerre estimeront quand elles seront interrogées pour des sondages d'opinion que le résultat imprévu de ce changement de vie a été de transformer leur vision d'elles-mêmes, d'avoir plus confiance en elles, de « se sentir moins mineures ». Bref, même si elles sont retournées à la maison et se sont lancées dans le baby-boom et la consommation, ces femmes ont changé dans leur tête, préparant auprès de leurs filles, en ne leur parlant pas comme leur propre mère leur avait parlé, la génération suivante de femmes, celles qui auront 25 ans au début des années soixante-dix et qui renverseront la table.

Un débat historiographique a longtemps passionné les États-Unis – et c'est encore parfois le cas aujourd'hui –, qui opposait les tenants d'une mobilisation temporaire, d'une parenthèse de la guerre ne remettant pas en cause l'idéal féminin traditionnel (un peu comme en France et plus généralement en Europe), aux tenants d'un changement, d'une rupture. Dans cette dernière hypothèse, la mobilisation des femmes dans l'effort de guerre aurait constitué un tournant décisif en donnant à celles-ci un comportement de travailleurs (au masculin). La guerre aurait alors remodelé durablement les rôles des sexes. Il apparaît en fait qu'entre ces deux analyses extrêmes et contradictoires, une voie médiane se dessine. Pas de changement social immédiat mais un lent processus de changement qui s'est amorcé avec la guerre et qui ne va plus s'arrêter. Les millions d'Américaines qui ont rejoint au lendemain de la guerre leur « *home, sweet home* » ont emporté un peu (parfois beaucoup) de Rosie dans leur cœur.

Le retour à la vie normale est encore plus difficile pour les combattantes soviétiques revenant du front. Svetlana Alexievitch a recueilli le témoignage des « vétérans » toujours en vie. Deux sentiments dominent, et d'abord celui du difficile « réapprentissage » de la vie civile, après tant de sang et tant d'horreur. Bella Isaakovna Epstein, sergent tireur d'élite, raconte que, récemment démobilisée, elle est dans un tramway à Minsk quand celui-ci freine brusquement. «Tout le monde crie, pleure.» Un passant a été écrasé. Et Bella ne comprend pas pourquoi on s'agite autant pour un mort, elle qui en a tant vu. «On était toujours entouré de morts.» Il faudra des années à Bella pour qu'elle redevienne «enfin comme les autres», c'est-à-dire qu'elle recommence à éprouver de l'effroi devant un mort, devant la mort.

À l'instar des résistantes et des déportées françaises, ces femmes éprouvent en outre le sentiment d'avoir été aussitôt oubliées. Tamara Stepanovna Oumnia Guina, qui était sergent brancardière dans un régiment de la Garde, le dit: «Nous les filles du front, nous avons dû affronter une autre guerre (…) Les hommes nous ont lâchées. Ne nous ont pas protégées.»

Voici de nouveau les femmes seules, sans la solidarité du front. Les voici rejoignant celles des usines dans l'effacement de la vie civile où elles ne sont plus rien alors qu'elles font tout. Elles continuent à travailler au-dehors, à l'usine, au kolkhoze ou au bureau, mais elles sont aussi l'âme et le corps des appartements collectifs et des modestes datchas de la campagne, faisant les courses, les queues et la cuisine dans une pénurie sans fin, s'occupant des enfants, du grand-père et surtout d'un mari, au travail certes, mais singulièrement absent en tant que chef de famille. Là au moins l'homme n'aura même pas tenté (et réussi) de combat d'arrière-garde pour redevenir le maître. Les femmes soviétiques de l'après-guerre vivent non pas avec les hommes mais à côté d'eux, plus sobres, plus endurantes, plus fortes. Les promesses égalitaristes du bolchevisme révolutionnaire ont cédé la place au piège de l'égalité formelle de la société stalinienne où la femme soviétique fait deux métiers, bien avant la femme occidentale, le premier, mal payé, à l'extérieur, et le second gratuit, à la maison. La guerre n'a rien changé à leur sort, au-delà des quelques médailles reçues.

Partout, donc, les femmes rentrent chez elles. Au terme des multiples et difficiles chemins parcourus pendant la Seconde Guerre mondiale, elles reviennent à la « case départ » de leur condition millénaire. Le monde des hommes n'a plus besoin d'elles là où elles avaient si bien su les remplacer, trop bien peut-être. C'est un retour sans enthousiasme, même si, selon l'expression de Claire Andrieu, les femmes n'ont pas encore, en Europe surtout, acquis cette « conscience de sexe » qui se manifestera dans la génération suivante, avec une espèce d'effet retard.

Ce n'est certainement pas un hasard si le film du Britannique David Lean *Brève rencontre* (*Brief Encounter*), sorti en 1945, connaît un si grand succès, au point de recevoir au premier Festival de Cannes en 1946 le Grand Prix. C'est l'histoire d'une femme, Laura, une mère de famille de la petite bourgeoisie, sans histoire. Celle-ci commence et s'achève dans cette gare où, allant chaque jeudi faire des courses à la ville, elle a rencontré Alec, un médecin, père de famille, lui aussi sans histoire. Grand amour à peine entrevu. Caméra lyrique filmant cet éternel buffet de gare où suintent la tristesse et l'éphémère. L'un et l'autre comprennent sans discours que leur amour est impossible. À la fin du film, Laura retourne à son mari qui a tout deviné mais qui accepte, au-delà de son infortune, le sacrifice d'une femme redevenant sa femme.

La construction en flash-back et le sobre récit à la première personne (Laura se souvient – mais justement elle se souvient, c'est-à-dire qu'elle n'oublie pas) donnent à *Brève rencontre* la force d'une réalité du quotidien et du regret, celui de « Madame Tout-le-Monde » mise devant le choix tentant de la rupture absolue et revenant finalement aux codes de la morale – pas même de la morale, mais du *fatum* de sa condition de femme, de la femme de 1945. Comment, dans l'immédiat après-guerre, des millions de femmes ne se seraient-elles pas reconnues dans ce film qui prenait la dimension d'une métaphore, celle du renoncement ?

TABLE

I
TOURMENTE

II
EFFORT DE GUERRE

III
COMBAT

IV

C'EST FINI !

Cet ouvrage
a été mis en pages par In Folio,
reproduit et achevé d'imprimer
en septembre 2023
sur les presses de Normandie Roto Impression s.a.s.
61250 Lonrai
N° d'impression : 2303255

Imprimé en France

Dépôt légal : octobre 2023